OTT 서비스와 AI

인공지능총서

인공지능 시대입니다. 기계가 인간의 인지를 대신하고, 사물이 인간을 통하지 않고 다른 사물과 직접 커뮤니케이션합니다. 이에 따른 인간 삶과 문명 변화를 정확히 이해·예측·대응하는 것은 이 시대 우리 모두의 과제입니다. 인공지능총서는 인공지능 기술과 환경의 여러 주제를 10가지 키워드로 정리합니다. 관련 개념과 이론, 학계와 산업계의 쟁점, 우리 일상의 변화를 다룹니다. 인간과 기술의 현재, 미래를 세심히 분석합니다.

일러두기

- 인명, 작품명, 저서명, 개념어 등은 한글과 함께 괄호 안에 해당 국가의 원어를 병기했습니다.
- 외래어 표기는 현행 어문규정의 외래어표기법을 따랐습니다. 다만 '딥러닝', '딥마인드', '딥페이크' 등은 관행을 따랐습니다.

OTT 서비스와 AI

유건식

대한민국, 서울, 커뮤니케이션북스, 2024

OTT 서비스와 AI

지은이 유건식
펴낸이 박영률

초판 1쇄 펴낸날 2024년 10월 31일

커뮤니케이션북스(주)
출판 등록 2007년 8월 17일 제313-2007-000166호
02880 서울시 성북구 성북로 5-11
전화(02) 7474 001, 팩스(02) 736 5047
commbooks@commbooks.com
www.commbooks.com

ISBN 979-11-288-6865-8 03500

책값은 뒤표지에 표시되어 있습니다.

차례

미디어 경험을 혁신하는 AI

> OTT(Over-the-Top, 인터넷 동영상 서비스) 플랫폼은 언제 어디서나 액세스할 수 있는 방대한 콘텐츠를 제공하여 미디어 소비에 혁명을 일으켰다. AI(인공지능)는 OTT 경험을 개선하고, 혁신을 주도하며, 콘텐츠 전달을 개인화하는 데 중추적인 역할을 한다. 맞춤형 콘텐츠 추천부터 스트리밍 품질의 최적화에 이르기까지, AI 알고리즘은 지속적으로 학습하고 적응하여 시청자 경험을 더욱 매력적이고 원활하게 만든다. … AI 기술이 발전함에 따라 OTT 플랫폼의 통합(Synergy)은 엔터테인먼트를 재정의할 것을 약속하며, AI 기술이 발전함에 따라 우리는 개인화되고 지능적이며 몰입감 있는 미디어 경험이 표준이 되는 미래를 엿볼 수 있다.
> – 온라인 교육 플랫폼 '디지털디파인드(digitaldefynd)'

2022년 11월 챗지피티가 등장한 이래 AI는 전 세계를 혁신하고 있다. OTT 영역도 그렇다고 생각한다. 오랫동안 OTT를 연구한 필자로서 이 부분을 정리해야겠다고 생각하고 있었는데 커뮤니케이션북스에서 '인공지능총서'

에 참여해 달라는 메일을 받고, 협의를 거쳐 작업을 진행하게 되었다. 매번 의미 없는 책이 어디 있겠냐마는 이번 책도 아주 시의적절하면서도 의미 있는 도전이었다는 생각이 든다.

필자는 2주에 한 번씩 ≪PD저널≫의 〈유건식의 OTT 세상〉 칼럼을 통해 OTT와 관련된 아이템을 정리했고, 8월부터는 ≪미디어오늘≫의 〈유건식의미디어이슈〉 칼럼으로 이어 가고 있으며, 2023년부터 시작하여 올해 세 번째로 공저자들과 함께『OTT 트렌드 2025』를 정리하고 있다.『OTT 트렌드 2024』에서는 AI 관련 내용도 확인할 수 있다.

언뜻 보기에 'OTT에서 AI가 활용되는 영역이 얼마나 있을까' 하는 생각이 든다. 콘텐츠 추천이 가장 먼저 떠오른다. 그만큼 넷플릭스의 개인화된 콘텐츠 추천이 정교하고 이용자뿐 아니라 비이용자에게도 널리 알려졌기 때문이다. 그러나 온라인 교육을 운영하는 디지털디파인드(digitaldefynd)는 "OTT에서 AI의 활용 사례 10가지"를 다음과 같이 정리했다. 1) 개인화된 콘텐츠 추천, 2) 동적 콘텐츠 큐레이션, 3) 비디오 스트리밍 최적화, 4) 자동화된 콘텐츠 태그 지정, 5) AI 기반 타깃 광고, 6) 콘텐츠 생성 지원, 7) 시청자 참여 예측, 8) 음성 및 이미지 인식, 9) 콘텐츠 수익화 전략, 10) 예측 콘텐츠 라이선싱 등이다. 이 자료는 챗지피티에게 "OTT 산업에서 AI의 활용에 대한 인용 문구 15개"를 추천해 달라고 해서 나온 결과의 출처를 클릭하면서 발견했다. 구글에서 검색하면서 찾지 못한 귀중한 자료다.

OTT에서 AI의 활용 사례 10가지

OTT에서 AI가 활용되는 사례는 첫째, 개인화된 콘텐츠 추천이다. AI 알고리즘은 선호도, 시청 기록, 상호 작용을 포함한 이용자 데이터를 분석하여 OTT 플랫폼에서 제공하는 콘텐츠를 추천한다. 개인화된 추천 콘텐츠는 개별 선호도와 밀접하게 연계되어 이용자 참여를 높여서 OTT 가입 유지율과 전반적인 이용자 만족도를 높이게 된다.

둘째, 동적 콘텐츠 큐레이션이다. AI로 구동되는 동적 콘텐츠 큐레이션은 OTT 플랫폼이 이용자를 위해 매력적인 콘텐츠 라이브러리를 유지할 수 있도록 한다. AI 알고리즘을 활용하여 이용자 행동, 트렌드, 피드백 및 지역별 선호도를 지속적으로 모니터링하고 분석한다. 이 실시간 데이터 처리를 통해 OTT 플랫폼은 인기 주제, 이용자 피드백 및 새로운 콘텐츠 범주를 기반으로 컬렉션을 동적으로 선별할 수 있다.

셋째, 비디오 스트리밍 최적화다. AI는 OTT 플랫폼에서 비디오 실시간 재생(스트리밍) 품질을 최적화하는 데 매우 중요하며, 다양한 기기와 네트워크 조건에서 이용자의 원활하고 몰입감 있는 시청 경험을 향상한다. OTT 플랫폼은 비트레이트(전송 속도) 적응을 위해 AI 알고리즘을 활용하여 실시간 네트워크 측정 항목 및 디바이스 기능을 기반으로 비디오 해상도, 비트레이트 및 버퍼링을 동적으로 조정한다. 이 지능형 최적화 프로세스는 인터넷 속도나 네트워크 혼잡 상황에서도 비디오 전송을 최적화하고, 버퍼링을 줄이고, 비디오 품질을 향상하고, 재생 중단을 최소화하여 이용자에게 최상의 시청 경험을 제공하기 위해 즉각적인 조정을 수행한다.

넷째, 자동화된 콘텐츠 태그 지정이다. AI로 구동되는 자동화된 콘텐츠 태깅은 OTT 플랫폼에서 방대한 양의 비디오 콘텐츠를 분류하고 구성하는 프로세스를 간소화한다. OTT는 AI 알고리즘을 활용하여 콘텐츠, 장르, 언어, 길이 등에 따라 콘텐츠의 메타데이터 태그를 자동으로 만든다.

다섯째, AI 기반 타깃 광고다. OTT 플랫폼은 이용자의 관심사, 인구 통계 및 시청 행동을 고려하여 이용자에게 개인화되고 관련성 높은 광고를 제공하는 데 AI를 사용한다. OTT는 AI 알고리즘을 활용하여 연령, 성별, 위치, 시청 습관, 상호 작용 및 참여 지표를 포함한 방대한 이용자 데이터를 분석하여 광고 게재 및 배치를 개선하여 광고가 최적의 시간에 적절한 잠재 고객에게 도달하도록 한다. AI 기반 타깃 광고는 이용자의 관심사와 선호도에 부합하는 타깃 광고를 제공함으로써 광고 관련성, 참여율 및 전반적인 효율성을 개선한다.

여섯째, 콘텐츠 생성 지원이다. AI는 OTT 플랫폼에서 콘텐츠 제작에 귀중한 지원 도구로서 콘텐츠 제작자의 크리에이티브 프로세스를 간소화하기 위한 통찰력, 권장 사항 및 자동화된 기능을 제공한다. AI 기반 콘텐츠 제작 도구는 머신러닝 알고리즘을 활용하여 이용자 생성 콘텐츠를 분석하고, 트렌드를 식별하고, 비디오 품질을 향상하는 창의적인 제안을 제공한다.

일곱째, 시청자 참여 예측이다. AI 분석 도구를 사용하면 OTT 플랫폼이 특정 콘텐츠에 대한 시청자 참여 수준을 예측할 수 있으므로 데이터 기반 콘텐츠 프로모션 및 최적화 전략을 수립할 수 있다. OTT는 AI 알고리즘을 활용하여 이용자 행동, 콘텐츠 상호 작용, 참여 지표 및 과거 데이터를 분석하여 신작 또는 기존 콘텐츠의 잠재

적 인기와 시청자 참여를 예측한다.

여덟째, 음성 및 이미지 인식이다. AI 기반 음성 및 이미지 인식 기술은 OTT 플랫폼에서 이용자 상호 작용, 개인화 및 콘텐츠 검색을 향상한다. 아마존 파이어 TV는 AI 기반 음성 명령을 활용하여 이용자를 위한 핸즈프리(handsfree) 탐색, 콘텐츠 검색 및 제어 기능을 가능하게 한다. AI 기반 음성 인식 프로세스에는 이용자 명령과 쿼리를 이해하고 해석하는 자연어 처리(NLP, Natural Language Processing) 알고리즘이 포함되어 있어 이용자는 음성 명령을 사용하여 특정 콘텐츠를 검색하거나, 재생을 제어하거나, 설정을 조정하거나, 기본 설정에 따라 새로운 프로그램을 검색할 수 있다. 마찬가지로 AI 기반 이미지 인식 기술은 섬네일, 포스터 및 프로모션 이미지와 같은 시각적 콘텐츠와 이용자의 상호 작용을 분석하여 이용자 선호도와 행동을 이해할 수 있다.

아홉째, 콘텐츠 수익화 전략이다. AI 기반 콘텐츠 수익 창출 전략은 데이터 기반 가격 모델, 구독 계획 및 프로모션 제안을 통해 OTT 플랫폼에서 수익 창출을 최적화한다. 워너브라더스 디스커버리의 OTT 서비스인 맥스(MAX)는 AI 알고리즘을 사용하여 이용자 행동, 시장 동향, 경쟁사 전략 및 콘텐츠 성능 지표를 분석하여 수익 창출 결정 및 전략을 수립한다. 이 데이터 기반 접근 방식을 통해 OTT는 이용자의 지불 의사를 이해하고, 구독 선호도에 따라 잠재 고객을 분류하고, 이용자에게 가치를 제공하면서 수익을 극대화하는 가격 책정 계획을 설계할 수 있다.

열째, 라이선싱할 콘텐츠 예측이다. AI 기반 예측 분석은 OTT 플랫폼의 콘텐츠 라이선싱 결정을 안내하여 넷플릭스와 같은 OTT가 콘텐츠 성공 여부, 시청자 참여 및 수요를 예측할 수 있도록 한다. 또 기계 학습 알고리즘, 데이터 마이닝 기술 및 통계 분석을 활용하여 콘텐츠 라이선스의 성능과 영향을 정확하게 예측한다.

정리하면, AI가 OTT에 도입됨에 따라 엔터테인먼트 분야에 개인화, 운영의 효율성, 이용자 만족도 향상을 특징으로 하는 전례 없는 변혁이 일어나고 있다. AI가 발전함에 따라 OTT 영역에서 더욱 혁신적인 발전이 있을 것으로 예상되며, 이는 미디어 소비 및 이용자 상호 작용의 향후 환경에 영향을 미칠 것으로 예상된다. 향후 AI는 전 세계 관객의 시청 경험을 풍부하게 하여 보다 지능적이고 역동적이며 몰입감 있는 엔터테인먼트 생태계를 만들어 갈 것이다.

개별 OTT에서 AI를 사용하는 사례도 나오고 있다. 핀란드 공영방송 위엘에(Yle)의 아리나, 미국 폭스의 래빗 AI, 웨이브 아메리카가 운영하는 코코와플러스의 키토크가 대표적이다. OTT가 아닌 오디오 스트리밍에도 도입되고 있다(Todd Spangler, 2023.9.25). 글로벌 1위 음악 스트리밍 서비스 스포티파이(Spotify)는 생성AI보이스 기술을 이용, 유명 영어 팟캐스트의 목소리를 영어, 프랑스어, 독일어 등으로 번역해 2023년 9월부터 전 세계에 방송하고 있다. 대표적으로 닥스 셰퍼드(Dax Shepard)의 "에프 원 위드 디알에스(eff won with DRS)", 모니카 패드맨(Monica Padman)의 "암체어 엑스퍼트(Armchair Expert)", 렉스 프리드맨(Lex Fridman), 스티븐 바틀렛(Steven Bartlett)의 "CEO의 일기(The Diary of a CEO)", 빌 시먼스(Bill Simmons), 트레버 노아의 "왓 나우(What Now)" 등이다.

본 도서에서는 1) OTT 모델과 AI, 2) 이용자 데이터의 분석과 개인화, 3) 이용자의 경험 향상, 4) EPG(전자프로그램 안내)에 대한 AI 역할, 5) OTT 서비스의 자막과 더빙, 6) 핀란드 위엘에(Yle)의 아리나 사례, 7) 폭스 투비(Tubi)의 래빗 AI 사례, 8) 웨이브 아메리카 코코와플러스의 키토크 사례, 9) OTT 활용에 대한 과제, 10) OTT의 AI 활용 방안을 구체적으로 정리하였다.

OTT를 포함한 미디어 시장도 AI 시장도 카오스 상태로 보인다. 구글은 2024년 8월 '검색 시장에서 지배적 지위를 남용해 불법적으로 수익을 올렸다'는 이유로 반독점 소송에서 패소했고, 오픈AI에서는 공동 창업자 존 슐먼(John Schulman)이 경쟁사인 앤스로픽(AI 클로드 서비스)으로 떠나는 등 핵심 인력 유출이 이어지고 있으며, 일론 머스크가 또다시 오픈AI를 상대로 소송도 제기했다. 그럼에도 AI는 다른 분야를 포함하여 OTT에 많은 영향을 줄 것이다.

책을 내면서 항상 고마운 분들이 있다. 우선 집필을 하면서 참고한 자료의 모든 작가들께 감사드린다. 인공지능총서 시리즈를 기획하고, 영광스럽게도 이름을 올릴 수 있게 해 준 박영률 커뮤니케이션북스 대표와 꼼꼼하게 편집하여 부족한 원고의 퀄리티를 높여 준 편집자께 감사드린다. 항상 응원해 주는 사랑하는 우리 가족 주은경과 유혜민에게도 무한한 고마움을 전한다.

2024년 10월 남한산성을 바라보며…

참고문헌

Digitaldefynd(2024). Use of AI in OTT [10 Examples]. https://digitaldefynd.com/IQ/ai-in-ott/

Spangler, T.(2023.9.25). Spotify Is Testing AI-Powered Podcast Language Translation — Which Mimics the Podcaster's Own Voice. https://variety.com/2023/digital/news/spotify-ai-podcast-language-translation-1235732548/

01
OTT 모델과 AI

2022년 11월 챗지피티가 등장한 이래 AI는 전 세계를 혁신하고 있다. OTT 분야도 동일하다. OTT의 SVOD, AVOD, FAST 등 모든 모델에서 콘텐츠 추천 또는 광고 집행 등에서 AI가 활용되고 있다.

OTT 구독 모델

(정액제) 구독 모델은 점점 과거 시대의 유물이 되고 있다. 개인적 의견으로는 궁극적으로 사라질 것이다.

― 코제마 십챈들러(Khozema Shipchandler) 트윌리오(Twilio) 최고경영자(CEO)

넷플릭스의 비즈니스 모델이 성공하면서 구독 모델에 대한 관심이 증가하였고, 이러한 구독 모델의 영향력이 확대되면서 구독 경제라는 용어가 탄생하였다. 구독 경제란 주오라(zuora.com)의 최고경영자(CEO) 티엔 추오(Tien Tzuo)가 새로운 회사와 비즈니스 모델의 시대를 표현하기 위해 사용한 용어로 재화나 서비스를 구매·소유하는 것보다 적은 금액으로 구독하는 경제 활동이다. 기존의 시대가 상품을 배송하고 비용을 청구하는 시대였다면, 연결의 시대에는 더 많은 소비자가 상품보다 서비스를 통한 구독으로 욕구를 충족한다. 주오라 닷컴에 따르면 이러한 트렌드는 2007년부터 시작되었으며, 상품을 구매하는 것에서 서비스를 구독하는 것으로 트렌드가 전환되고 있다(유건식, 2021).

OTT는 크게 구독 모델인 SVOD, 광고 모델인 AVOD

	SVOD	AVOD	FAST	TVOD
넷플릭스	✔	✔	✖	✖
아마존 프라임 비디오	✔	✔	✔	✔
디즈니플러스	✔	✔	✖	✖
HBO 맥스	✔	✔	✖	✖
애플TV플러스	✔	✖	✖	✔
파라마운트+	✔	✔	✔	✖
피콕	✔	✔	✔	✖
훌루	✔	✔	✔	✖

그림 1-1. OTT 서비스별 비즈니스 모델. 출처: 유건식·한정훈·노창희 (2023)

와 FAST, 개별 구매하는 TVOD로 구분된다. AVOD는 가입 금액을 받는 경우와 전혀 받지 않는 모델로 나누어지는데, 후자를 대체로 FAST라고 부른다. 초기에는 SVOD와 AVOD로 구별되었으나 이제는 서비스별로 거의 모든 모델이 하이브리드 형태로 운용하고 있다.

OTT 구독 모델과 AI

방대한 콘텐츠 중에서 이용자가 좋아할 만한 콘텐츠를 얼마나 잘 추천하느냐가 OTT 서비스 성공의 주요한 요인 중 하나다. 이러한 일을 인간이 직접 일일이 하는 것

은 불가능에 가깝다. 콘텐츠도 많고 이용자도 많기 때문

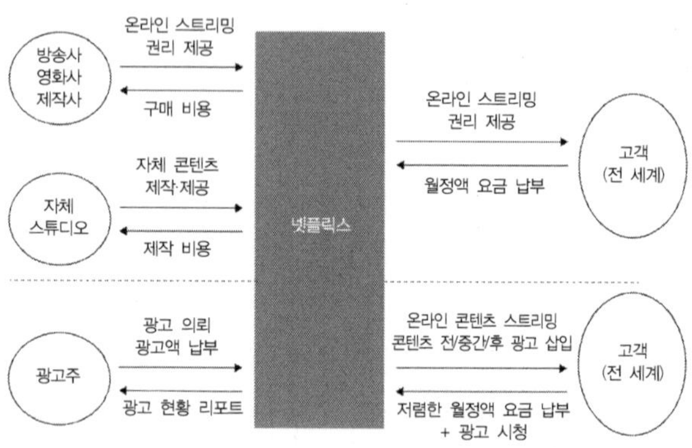

그림 1-2. 넷플릭스 구독 모델. 출처: 남대일 외(2020). 일부 수정

이다. 넷플릭스는 2022년 10월 기준으로 17000개의 타이틀을 서비스하고 있고, 구독자들은 이 중 80%를 알고리즘 추천작 서비스를 통해 시청했다. 이 중 넷플릭스 오리지널은 1500개다(Cook, 2024.1.9). 2024년 6월 말 기준으로 글로벌 가입자는 2억7760만 명이다. 이 둘을 곱하면 상상할 수 없는 조합이 나온다. 이 지점에서 AI의 효용성이 나타난다.

OTT 플랫폼 중에서 가장 AI를 적극적으로 활용한 곳이 넷플릭스다. 넷플릭스는 OTT 서비스 중에서 일찍부

터 이용자의 데이터를 활용하여 이용자에 맞는 추천 시스템을 정교하게 만들려고 노력하였다. 출발이 IT 기업이었기에 더욱 당연했다고 볼 수 있다. 그림 1-2는 넷플릭스의 구독 모델이다.

넷플릭스 같은 OTT 서비스를 운영하기 위해서는 정보기술(IT)이 필수적이다. 그 많은 콘텐츠와 이용자를 일일이 매칭하기에는 너무나 많은 노력이 들어간다. 이와 더불어 일일이 수작업으로 하다 보면 오류도 발생할 수밖에 없고, 너무 오랜 시간이 걸려 이용자는 더 이상 서비스를 이용하지 않거나 다른 플랫폼으로 갈아탈 것이다.

다음으로 광고 모델인 AVOD에서도 수많은 콘텐츠에 광고를 집행하기 위해서는 AI가 필수다. 기존 방송에서는 프로그램 등 사전에 확정된 광고 슬롯에 광고주가 선택한 프로그램을 매핑시키면 됐다. AVOD나 FAST의 OTT에서는 그럴 수가 없다. 변수가 너무 많기 때문이다. 다수가 해당 콘텐츠를 선택하면 거기에 맞는 광고를 송출한다. 그것도 개인이 프로그램을 시청하는 개인에 맞는 광고를 집행할 수 있어야 한다. 이러한 환경에서는 광고주가 원하는 시청자(타깃)에 맞는 프로그램과 장면에 수작업으로 광고를 연결하는 일은 불가능하다.

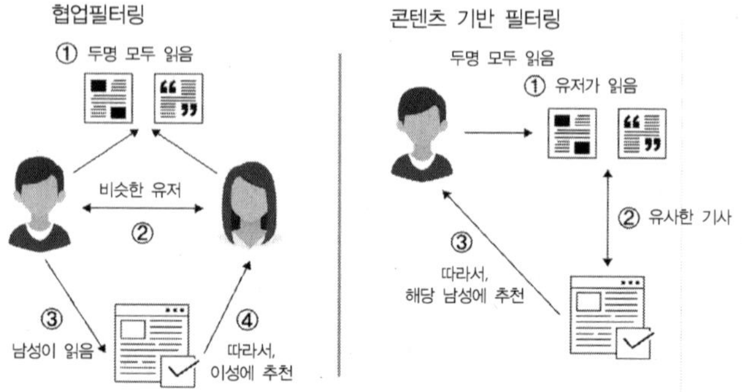

그림 1-3. 협업 필터링과 콘텐츠 기반 필터링. 출처:비트나인(2020)

OTT와 AI 추천

넷플릭스는 새로운 영화가 들어오면 30여 명 되는 콘텐츠 분석 전문가들이 일주일 내내 영화를 시청하며 꼬리표를 다는 태깅 작업을 했다. 이후 태깅된 영화로 AI가 각 이용자들의 취향에 맞게 취향 그룹을 구성한다. 넷플릭스는 감정을 가진 인간의 능력과 세밀하게 분류하는 AI의 기능을 적절히 활용한 기업이다. 또 AI는 넷플릭스를 경쟁력 있는 기업으로 키운 촉매제 역할을 해 왔다(이호수, 2020.11.18).

콘텐츠 추천은 협업 필터링과 콘텐츠 기반 필터링을 통해 이루어진다. 협업 필터링은 이용자들로부터 얻은 데이터를 기반으로 취향을 예측한다. 비슷한 취향의 사람을 같은 취향 그룹으로 분류하고, 같은 취향의 그룹에게는 다른 사람이 본 콘텐츠를 추천하는 시스템이다. 콘텐츠 기반 필터링은 콘텐츠 자체를 분석하여 프로필을 작성하고 이용자 기호와 유사한 콘텐츠를 추천하는 시스템이다(비트나인, 2020.5.27.).

넷플릭스는 협업 필터링에서 한 발 나아가, 동일한 영상을 본 사람들이 비슷한 패턴의 행동을 보인다면, 같은 그룹으로 묶는다. 예를 들면 어떤 드라마를 시청하는데 2화까지만 보고 종료한 두 사람이 있다면, 이 두 사람을 같은 그룹으로 묶는다. 이용자의 다른 특징은 상관없이, 같은 그룹에 속하게 되는 것이다. 그룹 항목은 콘텐츠, 찾는 속도, 재시청 비율, 사용 기기, 데이터 환경, 좋아요/싫어요, 중간 정지 여부, 요일/날짜/시간, 재생 중 정지/되돌리기/빨리가기 지점 등 종류만 수십 가지다. 넷플릭스는 이런 그룹 중 다섯 개를 골라 개인화된 화면으로 배경을 채운다.

이런 협업 필터링에서 더 나아가, 콘텐츠 기반 필터링이 추가된다. 이 지점에서 넷플릭스는 AI가 아니라 대규

모의 인력을 활용하는데, 이들을 태거(Tagger)라고 부른다. 이들 전문가 집단은 하루 종일 넷플릭스 콘텐츠를 감상하고 키워드, 즉 핵심 키워드인 태그를 엑셀에 기록한다. 예컨대 로맨틱 코미디라고 하면 원작 소설이 있는지, 여성이 주도했는지, 실화를 바탕으로 하는지, 감정이 밝은지 혹은 어두운지, 어떤 결말인지, 주인공이 아웃사이더인지, 장소와 시대는 어떤지, 대상 연령층은 누구인지 등을 7만~8만 개의 미세한 '태그'로 정리하고 조합한다. 영화 한 편의 태그 양이 30쪽을 넘을 정도로 방대하다. 그리고 이를 협업 필터링과 함께 데이터로 갱신하고 분석에 들어간다. 머신러닝을 통해 각 요소의 비중이 결정되고 그 결과 이용자들은 2000여 개의 취향 그룹으로 분류된다.

여기에 더 세밀하게 태깅을 하는데, 같은 콘텐츠라도 나라에 따라, 문화권에 따라 섬네일까지 달리하며 선호도에 따라 표지 이미지를 다르게 적용한다. 예를 들어 〈라라랜드〉란 영화를 추천하는 경우 '뮤지컬' 취향이 강한 이용자에게는 주인공들이 춤추는 장면을 메인 이미지로 내보내고, '로맨틱' 취향이 강한 이용자에게는 주인공들이 키스하는 장면을 메인 이미지로 내세운다. 계속 다양한 이미지를 뿌려 주며 반응을 수집하고 개인의 취향을 더 깊이 파악해 콘텐츠를 한 번이라도 더 보게 만든다.

OTT와 AI 광고

한동안 OTT는 광고 없는 구독 모델(SVOD) 위주였다. 넷플릭스의 경우 시청 흐름을 끊는 광고를 더 이상 볼 필요 없는 SVOD 모델을 강조하면서 방송 시장을 뒤흔들었다. 그러나 절대 광고를 도입하지 않겠다던 넷플릭스도 2022년 11월 광고 지원 모델(AVOD)을 도입하였다. 디즈니플러스도 2022년 12월 도입하였고, 국내에서 티빙도 2024년 3월 도입하였다. 그 근본적인 원인은 SVOD 가입자 증가가 한계에 이르렀고, 오히려 과도한 시장의 경쟁으로 SVOD 가입자가 감소할 전망이기 때문이다(유건식, 2022.12.12).

AVOD에서는 AI가 절대적으로 필요하다. 이용자가 시청하는 콘텐츠에 맞는 광고가 매칭되어야 광고의 효율이 나기 때문이다. 광고는 대체로 프로그램 시작 전(전CM), 중간, 종료 후(후CM)에 나간다. OTT에서 나가는 광고는 방송 광고와 달리 특정 콘텐츠에 사전에 지정하기 어렵다. OTT에서는 일정 조건(시청자의 나이, 연령, 지역, 취향 등)하에서 무작위로 집행되기 때문이다.

이 시점이 AI를 활용하는 가장 주된 이유다.

미국의 파라마운트(Paramount)는 자사 OTT인 파라마운트플러스와 FAST 서비스인 플루토(Pluto TV)에 생성형 AI 기능이 들어간 '파라마운드 광고 매니저(https://adsmanager.paramount.com/)'를 도입했다. 이 서비스는 중소기업이 프리미엄 비디오와 TV 광고를 할 수 있도록 새로운 잠재 TV 광고주를 유치하기 위해 개발되었는데, 업체 스스로 광고 서비스를 만들 수 있는 도구(self-service creative tools)를 제공하는 최초의 플랫폼이라는 데 의미가 있다. 중소기업은 이 서비스를 이용하여 자사의 웹사이트에 있는 이미지, 텍스트, 동영상을 기반으로 몇 분 내에 무료로 커넥티드 TV(CTV, Connected TV)용 광고를 제작할 수 있다. 또, 인스타그램, 틱톡, 엑스(X) 등에 있는 광고도 파트너사인 스페이스백(Spaceback)을 통해 CTV용으로 변환할 수 있고, 2024년 말에는 기존의 이미지나 동영상도 CTV용 광고로 전환할 수 있도록 할 계획이다.

중소기업은 생성형 AI 파트너인 웨이마크(Waymark)가 제공하는 이 서비스를 통해 파라마운트플러스와 세계에서 가장 널리 배포되는 FAST 서비스인 플루토 TV에 광고를 청약, 관리 및 추적하여 매월 1억 명의 시청자를 확보할 수 있다.

이 서비스는 중소기업 광고주의 CTV 진입 장벽을 낮추고 고도로 맞춤화된 캠페인 일정, 예산 및 타기팅 옵션을 제공한다. 또한, 과거에는 중소기업 광고주가 이용하기 어려웠던 15초 또는 30초 대형 화면의 검증된 프리미엄 광고를 이용할 수 있게 됐다.

파라마운트 광고 매니저를 사용하면 TV 광고를 처음 접하는 중소기업이 최소 500달러의 캠페인 비용으로 영업일 기준 1일 만에 광고를 쉽게 만들고 출시할 수 있다. 광고주는 타깃 고객과 가장 잘 맞는 연령층과 콘텐츠를 선택할 수 있다.

OTT의 강점은 기존 방송보다 광고 단가가 낮고 광고를 집행할 수 있는 위치나 공간이 많다는 점이다. 파라마운트 광고 매니저는 AI를 통해 이러한 장점을 중소기업까지 확장할 수 있는 좋은 모델이다.

참고문헌

비트나인(2020.5.27). 넷플릭스는 어떻게 내 취향을 분석할까? https://bitnine.tistory.com/380

유건식(2021). 미디어 구독 모델. 커뮤니케이션북스.

유건식(2022.12.12). 넷플릭스 이어 디즈니+도 광고요금제, 대세 자리잡나. PD저널.

https://www.pdjournal.com/news/articleView.html?idxno=74473

유건식·한정훈·노창희(2023). OTT 트렌드 2024. 형설elife.

이호수(2020.11.18). 이호수의 넷플릭스 완전정복 - 3부 N플릭스와 인공지능의 공생 비결. EBR.
https://anikids.ebs.co.kr/ebr/series?prodId=134497&stepId=20010102&lectId=20400694

Cook, S.(2024.1.9). Netflix statistics: How many movies and TV shows do they have? 2024. comparitech.
https://www.comparitech.com/blog/vpn-privacy/netflix-statistics-facts-figures/

Taulli, T.(2021.5.8). "Usage Pricing: Better Than Subscriptions?". Forbes.
https://www.forbes.com/sites/tomtaulli/2021/05/08/usage-pricing-better-than-subscriptions/?sh=426aa6f9656e

Winslow, G.(2024.7.23). Paramount Advertising Brings AI-Generated Ads to Pluto TV, Paramount+. tvtech.
https://www.tvtechnology.com/news/paramount-advertising-launches-ai-powered-paramount-ads-manager?utm_term=1F41734C-0D74-4885-9FFE-F15FE4A86D23&lrh=0dd2de31eee9bb77b2abef3fea96ba560f2f394cd2000595f80f7edcadb2fddd&utm_campaign=241BFF69-1938-421F-A5A7-DCA24C4C53CF&utm_medium=email&utm_content=56BA9521-4CF7-4A34-92B2-9766C481D30B&utm_source=SmartBrief

02
이용자 데이터 분석과 개인화

OTT 플랫폼에서 생성된 방대한 양의 이용자 데이터를 분석하여 시청자 선호도와 행동에 대한 통찰력을 얻고 개별 이용자의 선호도에 맞는 콘텐츠 추천을 할 수 있다.

AI를 활용한 이용자 데이터 수집

> 생성형 AI는 추천 및 검색 시스템을 한층 개선할 수 있는 엄청난 잠재력을 가지고 있습니다. 넷플릭스는 사람들이 자신에게 딱 맞는 멋진 스토리를 제때 더 쉽게 찾을 수 있도록 하고 싶습니다.
>
> – 그레그 피터스(Greg Peters) 넷플릭스 공동 CEO

방송의 영향력이 지속적으로 하락하는 이유 중의 하나는 이용자의 정보를 충분히 파악하지 못하는 데 있다. 넷플릭스와 훌루 같은 구독 서비스와 유튜브나 트위치와 같은 온라인 스트리밍 사이트의 증가, 그리고 모바일 앱의 확산은 시청자들의 미디어 소비에 따른 접근성과 편리성을 향상했다. 방송과 케이블 텔레비전은 이러한 새로운 형태의 미디어 소비와 현재 시청자가 생각하는 텔레비전의 기능을 따라잡는 데 대체로 성공하지 못했다(Smith-Rowsey & McDonald, 2020). 실제로 시청률 조사회사 닐슨은 전국 3134가구를 패널로 선정하여 연령, 성별, 소득 등을 구분하여 시청자를 조사하지만 샘플링이기 때문에 세분화할수록 통계적 유의미성을 갖는 데는 한계가 있다. 그러나 OTT의 경우에는 개인화된 특성을 확보할 수 있으므로 이용자의 데이터, 더 나아가 취향까지 확인할 수 있는 엄청난 장점이 있다.

OTT를 통해 창출되는 데이터는 엄청나다. 계속 추가되는 수많은 콘텐츠와 이를 시청하는 이용자의 행태를 조합한다고 생각해 보자. 수작업으로는 감당이 불가능하고, 프로그램으로는 지속적으로 업데이트해야 하는데 이것도 쉽지 않다. 결국 AI가 필요하게 된다. 다행히 AI의 발전이 급속하게 이루어져 콘텐츠 이용자와 이용 데이터의 수집이 용이하고 그 수준이 정교해지고 있다.

이용자 데이터 수집의 장점

국내 톱5의 OTT 이용자 수는 2023년 말 기준으로 2930만 명으로 2022년 2488만 명보다 18%가 증가했다(메조미디어, 2024). 실제 이용자의 행태를 분석하면 콘텐츠 제작이나 유통에 많은 도움이 된다. 닐슨의 순간(1분 단위) 시청률처럼 어느 부분이 시청자를 사로잡았는지, 시청자들이 전체를 보았는지 중간에 건너뛰었는지를 확인할 수 있다. 이 정보를 알면 새로운 콘텐츠를 기획하거나 유사 콘텐츠를 수급하는 데 도움이 된다. 드라마국에 근무할 때 지상파 3사의 드라마를 동시에 틀어 놓고 여기에 시청률 데이터도 띄워 놓고 직접 비교하면서 드라마를 분석하던 시절이 있었다. 이때와 비교하면 얼마나 편한가? 이 모든 것을 AI 알고리즘으로 처리하면 매우 신속하게 데이터를 수집하여 확인할 수 있다. 넷플릭스의 경우 구독자들이 시청 시간의 70~80%는 넷플릭스 추천 시스템 기반으로 추천된 콘텐츠를 시청하고, 아마존에서는 구매 제품 중 35%가 아마존이 추천한 제품이라고 한다.

AI를 OTT에 탑재하면 이용자들에게 굳이 개인정보 입력이나 로그인을 요구하지 않아도 광고 효율성을 높일 수 있다. 이용자 선호도와 행동(user preference and behavior)에 기반한 머신러닝 및 AI 기반 알고리즘은 로그인이나 다른 개인 장벽을 설정하지 않아도 광고 시청자를 특정할 수 있고 이들에게 개인 특화된 자료를 제공할 수도 있다.

쿠키는 서버와 이용자의 웹브라우저가 통신을 할 때, 서버에서 전송하는 작은 데이터 조각을 의미한다. 인터넷을 이용할 때, 이용자와 웹의 상호 작용에 대한 상태 정보를 유지하는 역할을 한다. 구글은 2024년 1월부터 전체 이용자의 1%에 해당하는 이용자의 서드파티(고객과 직접적인 관계가 없는 제3의 회사)가 고객 데이터를 수집하려는 쿠키 접근을 제한하였고, 3분기까지 100%

를 목표로 하고 있다. 애플의 사파리(Safari)와 모질라의 파이어폭스(firefox)는 그 전부터 차단하고 있었다. 쿠키가 차단되면 이용자의 활동 내역을 알 수 없다. 그러므로 OTT 서비스 업체는 AI를 통해 직접 정보를 축적해야 한다(한동욱, 2024.1.17).

AVOD와 SVOD에 AI가 적용되면 현재 이용자에게 가장 어필하기 쉬운 영화와 TV 프로그램을 노출하는 알고리즘의 능력을 향상할 수 있다. 시청자가 일반적으로 시청하는 콘텐츠 종류나 이용 행태와 같은 추가적인 선호도 조사를 굳이 하지 않아도 된다.

넷플릭스 추천 시스템의 특징

넷플릭스는 AI를 핵심 경쟁력으로 삼는 정보기술(IT) 기업이라고 볼 수 있다. 바로 넷플릭스의 추천 알고리즘 때문이다. 넷플릭스의 추천 알고리즘에 대해 쉽게 설명한 동영상이 있으니 참조하기 바란다(https://youtu.be/me--WQKQQAo?si=CsJgfDP2k0Nm 4VNH). 넷플릭스의 추천 시스템은 머신러닝, 알고리즘, 창의성을 통해 이루어진다. 또 한 사람만의 시청 습관만 분석하는 것이 아니라 모든 넷플릭스 이용자의 습관을 분석함으로써 더욱 정교해지고 있다(Blattmann, 2018.8.2). 추천 알고리

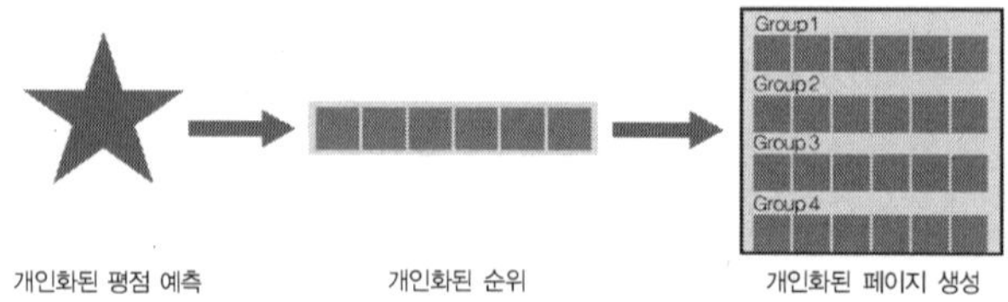

그림 2-1. 넷플릭스의 추천 시스템. 출처: 유건식(2019)

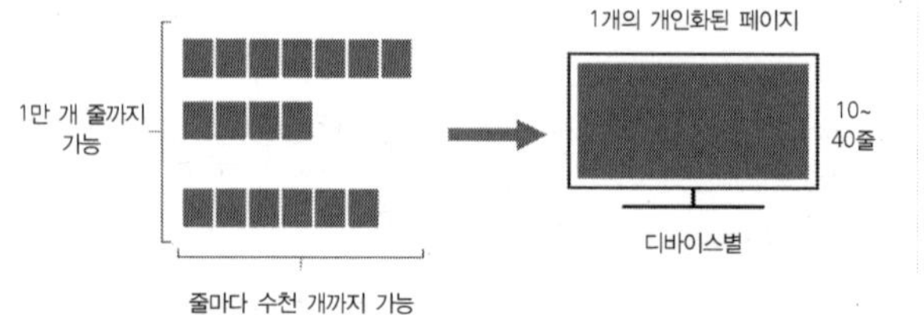

그림 2-2. 넷플릭스의 추천작 출력 방식. 출처: 유건식(2019)

즘 총괄 책임자인 토드 옐린(Todd Yellin) 부사장은 넷플릭스 추천 시스템에서 지역, 연령, 성별 정보는 무시하고 개인의 취향만을 고려하여 시청자의 취향을 2000개 이상으로 그룹화했다고 밝혔다(Morris, 2016.3.27).

넷플릭스의 강점은 콘텐츠 분류와 태깅이다. 우선 콘텐츠의 기본 데이터(출시 연도, 감독, 출연자 등 객관적 정보)를 정리한다. 다음으로 넷플릭스 양자 이론(등록된 콘텐츠들은 더 이상 쪼갤 수 없는 수준까지 쪼갠다는 의미)을 기반으로 콘텐츠 분석 전문가가 모든 콘텐츠를 감상하고 분석(긴장감 넘치는, 불길한 기운, 두뇌 게임 등 주관적 정보)하여 태깅한다(권영인, 2022.5.30).

넷플릭스는 고객 센터에 추천 콘텐츠 시스템 작동 방법을 안내하고 있다. 넷플릭스가 고려하는 요소는 1) 넷플릭스 서비스와의 상호작용(시청 기록, 다른 콘텐츠 평가 결과 등), 2) 유사한 취향을 가진 회원 및 넷플릭스 서비스에서의 선호 대상, 3) 장르, 카테고리, 배우, 공개 연도 등 콘텐츠 관련 정보다. 또한 개인화된 추천 콘텐츠를 최적화하기 위해 고려하는 요소가 있는데, 4) 하루 중 넷플릭스를 시청하는 시간대, 5) 선호하는 언어, 6) 넷플릭스를 시청하는 기기, 7) 넷플릭스 콘텐츠 시청 시간이다. 이 모든 데이터를 입력 정보로 사용해 넷플릭스 알고리즘에서 처리한다. 그러나 추천 콘텐츠 시스템은 연령이나 성별 등 인구통계 정보는 앞에서 엘린이 말한 것처럼 홈페이지에서도 의사 결정 절차의 일부로 포함하지 않는다고 밝히고 있다(https://help.netflix.com/ko/node/100639).

정리하면, 넷플릭스는 순위(ranking), 검색(search), 유사성(similarity), 평가(ratings) 등을 활용해 머신러닝 알고리즘을 구성한다. 그림 2-1과 같은 프로세스를 통해 개인이 내린 평가를 바탕으로 콘텐츠의 순위가 매겨지고, 개인화된 추천 페이지가 만들어진다. 추천의 정확성을 높이기 위해 넷플릭스는 취향 그룹(taste groups)을 운영해 TV 쇼와 영화를 분류하고 각각 태그를 단다. 이렇게 해서 2000개 이상의 카테고리가 매우 구체적으로 만들어진다. 예를 들면 "비주얼이 강하고 향수를 자극하는 드라마(Visually-striking nostalgic dramas)" 또는 "수수하고 낭만적인 여행 영화(Understated romantic road trip movies)" 등이다.

넷플릭스는 이런 방법으로 개별 컴퓨터, 모바일 환경을 감안해 그림 2-2처럼 수만 개의 콘텐츠 중에서 10~40개 줄에 걸쳐서 추천작을 보여 준다.

넷플릭스는 새로운 아트워크(화면 디자인)를 도입했다. 다양한 이미지를 만들어 개인에 맞게 제공하는 것이다. 이러한 경험은 사람들로 하여금 넷플릭스에 오래 머무르게 만든다. 많은 사람이 선택한 것을 우선적인 이미지로 내세우지만, 개인의 취향과 선호를 반영하고 있다. 또 기존에 본 영상을 기준으로 추천하는 영상의 이미지도 유사하게 노출하고 있다(유건식, 2019).

인공지능 기반 추천 시스템

OTT에서 추천 시스템이란 이용자가 관심을 가질 만한 콘텐츠(TV 쇼나 영화)를 추천하는 것이다. 이용자가 관심을 가질 만한 콘텐츠를 잘 골라내는 게 기술이다. 보통은 서비스에 가입할 때 어떤 콘텐츠에 관심이 있는지 선택하도록 한다. 이를 기반으로 우선 추천이 이루어진다. 그 이후에는 개인이 시청한 콘텐츠를 기반으로 추천이 이루어진다. 물론 여기에는 OTT 플랫폼이 선호하는 콘텐츠를 우선적으로 보여 주는 경향이 있기는 하다. 그렇지만 개인의 콘텐츠 소비의 다양성을 위해서 전혀 개인의 취향이 아닌 콘텐츠를 보여 주는 사례도 있다.

넷플릭스에서 콘텐츠를 선택하면 섬네일 바로 아래에 일치 비율이 나온다. 필자의 경우 톱10 중에서 1~4위를 보면 1위 〈굿 파트너〉는 99%, 2위 〈스위트홈〉은 97%, 3위 〈낮과 밤이 다른 그녀〉는 98%다. 그러나 4위 〈나쁜 기억 지우개〉는 일치율이 없다. 신규라고 나오는데 이를 보면 신규 콘텐츠는 정보 입력에 일정 시간이 소요되는 것 같다.

몰아 보기를 유도하는 넷플릭스 AI

넷플릭스는 이용자의 모든 행동을 추적하고 데이터를

수집한다. 수집하는 데이터에는 이용자가 보는 TV 쇼와 영화, 시청 프로그램의 수, 하루 중 보는 시간, 영화를 탐색하는 데 소요되는 시간, 콘텐츠에 대한 평가, 유사한 시청자 및 선택 등이 들어 있다. 이 정보를 통해 이용자가 즐길 가능성이 높은 콘텐츠를 예측하여 녹색으로 표식을 한다(Soomro, 2024.7.3).

넷플릭스의 AI 모델은 이름, 나이, 성별, 지역과 같은 정보와 함께 모든 정보를 수집한다. 그런 다음 방대한 데이터 세트에서 관계를 조사한다.

넷플릭스는 1장에서 설명했듯이 협업 필터링과 콘텐츠 기반 필터링을 혼합하여 사용한다. 협업 필터링의 단점으로는 매번 관련성이 없다는 점이다. 예를 들어, 〈오펜하이머〉를 좋아한다고 해서 모든 역사 영화를 좋아하지는 않는다. 콘텐츠 기반 필터링은 콘텐츠의 장르, 감독, 배우, 길이 등으로 분류하여 이용자의 선호도를 범주와 비교하여 신속하게 권장 사항을 제공한다. 예를 들어, 〈해리 포터〉를 시청한 경우 판타지 영화를 권장한다. 이 방법은 이용자의 평가와 엄청난 양의 데이터에만 의존하기 때문에 협업 필터링보다 더 효율적이다.

추천 모델은 지속적으로 개선되어야 하므로 강화 학습(reinforcement learning)이라는 기술을 사용한다. 넷플릭스의 모델은 이용자 피드백과 이용자 상호작용을 학습하여 추천 시스템의 알고리즘을 개선한다. 즉, 넷플릭스는 이용자가 보는 것과 다른 이용자와 유사한지를 기반으로 영화를 추천한다. 또 영화의 장르와 세부 사항을 살펴보고 다른 유사한 유형의 영화를 찾아낸다. 이 뒤에는 수많은 수학, AI, 기계 학습 및 데이터 과학이 관여되어 있다.

참고문헌

권영인(2022.5.30). 인공지능 기반 추천 시스템의 모든 것! From A to Z. ACO Blog. https://blog.insilicogen.com/61

넷플릭스 추천 콘텐츠 시스템. https://help.netflix.com/ko/node/100639

메조미디어(2024). 2024 OTT 업종 분석 리포트. https://www.mezzomedia.co.kr/data/insight_m_file/insight_m_file_1674.pdf

유건식(2019). 넷플릭소노믹스. 한울 아카데미.

한동욱(2024.1.17). 구글 크롬 서드파티 쿠키 지원 중단. TBWA Datalab. https://seo.tbwakorea.com/blog/the-end-of-third-party-cookie/

Blattmann, J.(2018.8.2). Netflix: Binging on the Algorithm. Medium. https://uxplanet.org/netflix-binging-on-the-algorithm-a3a74a6c1f59

Huston, C.(2024.7.18). Netflix Co-CEO Ted Sarandos Says AI Will "Generate a Great Set of Creator Tools". The Hollywood Reporter. https://www.hollywoodreporter.com/business/business-news/netflix-ceo-ted-sarandos-ai-creator-tools-1235952621/

Morris, D. Z.(2016.3.27). Netflix says Geography, Age, and Gender Are 'Garbage' for Predicting Taste. Fortune. https://fortune.com/2016/03/27/netflix-predicts-taste/

Smith-Rowsey, D. & McDonald, K.(2016). The Netflix Effect: Technology and Entertainment in the 21st Century. Bloomsbury Academic. 유건식 옮김(2020). 넷플릭스 효과: 21세기 기술과 엔터테인먼트. 한울아카데미.

Soomro, M.(2024.7.3). Netflix Algorithm: How Netflix's AI for Personalization Works to Keep You Binged! Medium. https://medium.com/@mehreensoomro1/netflix-algorithm-how-netflixs-ai-for-personalization-works-to-keep-you-binged-d9afad726104

03
이용자의 경험 향상

OTT 이용자는 기존 레거시 미디어(전통적인 미디어)에 비해 보다 나은 이용 경험을 갖는다. OTT 플랫폼에서 자연어 처리, 컴퓨터 비전과 같은 AI 기술을 사용하여 이용자 인터페이스와 상호작용을 하기 때문이다. 이용자 편리성, 다양한 콘텐츠 경험, 안정된 시청, 광고 부담 해소 등이 이에 해당한다.

이용자 편리성

> AI는 모든 산업의 일부가 되어 우리가 상상도 할 수 없는 방식으로 우리의 능력을 향상할 것입니다.
>
> – 제프 베조스(Jeff Bezos) 아마존 창업자

OTT 서비스가 인기 있었던 데는 이용자가 기존 TV나 영화보다 편리하게 이용할 수 있는 특성이 주된 요인이라고 생각한다. 영화관에 가지 않아도 되고, 거실에서 부모와 리모컨 전쟁을 하지 않아도 되고, 생방송에 맞추어 보지 않아도 된다. 이와 더불어 AI는 점점 더 이용자의 편의성을 높이는 서비스를 제공하고 있다.

OTT 플랫폼에서는 이용자 경험을 개선하기 위해 자연어 처리(NLP, Natural Language Processing)와 컴퓨터 비전과 같은 AI 기술을 사용한다. 이러한 기술들은 콘텐츠 추천, 검색 최적화, 개인화된 경험 제공 등에서 중요한 역할을 한다.

콘텐츠 선택의 고민과 시간 감소

콘텐츠 숫자가 많다고 좋은 것은 아니다. 매장에 상품이 많으면 오히려 소비자는 상품을 선택하는 데 시간이 오

래 걸린다. OTT에서 콘텐츠를 선택할 때도 동일하다. 콘텐츠가 너무 많으면 무엇을 볼지 고민이 많게 된다. 이 때문에 AI가 이용자의 취향을 분석하여 추천을 해 준다. 자연어 처리를 사용하여 이용자 리뷰, 평점, 시청 기록 등을 분석하고, 개인화된 콘텐츠 추천을 제공하는 것이다. 이용자는 추천 콘텐츠 중에서 선택하면 된다. 물론 AI가 개인에 맞게 제대로 추천해야 한다는 조건이 존재한다.

넷플릭스의 경우 "회원님을 위해 엄선한 오늘의 콘텐츠", "꼭 챙겨 보세요! 회원님을 위한 콘텐츠", "마음에 쏙 드실 거예요", "몰아 보기 추천 드라마" 코너를 두고 있다. 티빙은 "님이 좋아할 만한 시리즈", "님이 좋아할 만한 영화", "놓치지 마세요! 추천 드라마", "정주행 추천 시리즈" 코너를 두고 있다. 웨이브는 "믿고 보는 웨이브 에디터 추천작", "님이 좋아할 긴장감 넘치는 드라마", "님의 취향을 반영한 영화", "영화플러스 추천", "님이 볼 만한 해외 시리즈", "님을 위한 추천 예능" 코너가 있다. 디즈니플러스는 "취향 저격 추천 콘텐츠"와 "미드 마니아 정주행 추천작"이 있다. 디즈니플러스가 다른 OTT 서비스보다 추천 코너와 가입자를 특정하는 카테고리가 적다.

AI가 이용 행태를 분석하여 볼 만한 콘텐츠를 추천하고, 그중에서 시청할 콘텐츠를 선택하면 이용자는 '뭐 볼까?'에 대한 고민이 감소하고 선택 시간도 줄어든다.

다양한 콘텐츠 검색 및 향유

일반적으로 이용자는 한 분야의 콘텐츠를 좋아하면 계속 비슷한 콘텐츠를 즐기는 경향이 있다. 기존 TV와 달리 OTT의 장점은 다양한 콘텐츠 검색 방법에 있다.

텍스트 기반 검색은 자연어 이해를 통해 이용자의 검색 의도를 파악하고, 정확한 결과를 제공한다. 이용자가 입력한 검색어의 맥락을 이해하여 더 나은 검색 결과를 보여 준다.

아직 활성화되어 있지 않지만, 음성 검색도 가능하다. 향후 모바일 폰과 연결하여 "오늘의 톱(Top) 10 드라마를 보여 줘"라고 말하면, AI는 이를 이해하고 관련 콘텐츠를 TV나 태블릿 화면에 표시할 수 있다.

동일한 콘텐츠만 보면 확증 편향 같은 문제가 발생할 수 있다. 이런 경우를 감안하여 전혀 생소한 콘텐츠를 보여 주는 경우도 있다.

결국 이용자는 콘텐츠를 검색하여 나온 결과에 따라 다양한 콘텐츠를 향유할 수 있다.

안정된 콘텐츠 시청

OTT는 전용망뿐만 아니라 퍼블릭망을 사용하는 경우도 많다. 이럴 경우 라스트 마일(Last mile)의 안정적인 서비스가 중요하다. 라스트 마일이란 주문한 물품이 배송지를 떠나 고객에게 직접 배송되기 바로 직전의 마지막 거리 내지 순간을 의미한다. 스트리밍에서는 가정에서 콘텐츠를 보기 위해 마지막 실시간 재생되는 곳의 전송 품질을 말한다. 이 라스트 마일이 이용자의 콘텐츠 향유 만족도를 좌우한다.

AI는 네트워크 상태, 사용자 장치의 성능, 실시간 시청 패턴 등을 분석하여 최적의 재생 환경을 제공한다. 머신러닝 알고리즘이 이러한 데이터를 실시간으로 처리하여 동영상의 품질을 동적으로 조정한다. 예를 들어, 네트워크 상태가 불안정해지면 AI는 비디오 품질을 자동으로 낮추어 버퍼링을 최소화하고, 네트워크 상태가 개선되면 다시 고화질로 전환한다. 즉, AI 기반의 조정은 이용자가 콘텐츠를 시청할 때 최대한 끊김 없는 경험을 제공한다. 콘텐츠의 흐름이 중단되지 않고 안정적인 화질을 유지함으로써 사용자는 보다 몰입감 있는 시청 경험을 할 수 있다. 이는 특히 라이브 스트리밍 이벤트나 스포츠 경기와 같은 실시간 콘텐츠에서 더 중요하다.

광고에 대한 부담 감소

일반적으로 콘텐츠를 시청할 때 시청자들은 광고에 대해 부정적이다. 필자가 〈굿닥터〉의 미국 리메이크 드라마 〈The Good Doctor〉를 소니 스튜디오에서 볼 때는 전혀 광고가 없는 버전으로 시사회가 진행됐다. 그러나 ABC에서 본방을 볼 때는 중간에 광고가 다섯 번이나 들어가면서 흐름이 끊겨 같은 드라마 같지 않았다(유건식, 2018).

그렇다고 광고를 무조건 회피하지는 않는다. 본인이 관심 있는 상품일수록 회피하지 않고 즐겁게 본다. OTT에서는 광고도 AI가 개인 맞춤형 광고를 연결하여 부담을 최소화한다.

AI 기술은 광고 타기팅, 개인화된 광고 경험 제공, 광고 빈도 조절, 비디오 콘텐츠와의 자연스러운 통합 등 다양한 측면에서 이용자 경험을 개선하는 데 기여한다.

우선 AI는 사용자의 시청 기록, 검색 패턴, 선호도 등을 분석하여 개인화된 광고를 제공할 수 있다. 이는 이용자가 관심을 가질 만한 광고를 선택적으로 보여 줌으로써 광고에 대한 거부감을 줄이고, 광고의 효과를 극대화한다. 예를 들어, 사용자가 주로 스포츠 콘텐츠를 시청하는 경우, AI는 스포츠 관련 제품이나 서비스 광고를 주로 보여 준다. 이를 통해 광고는 보다 개인화되고, 이용자는 보다 유용한 정보를 얻을 수 있다.

또, AI는 광고 빈도를 조절하여 이용자가 반복적인 광고로 인한 피로감을 느끼지 않도록 한다. 머신러닝 알고리즘을 통해 사용자의 시청 패턴을 분석하고, 최적의 광고 빈도를 설정함으로써 이용자의 광고 경험을 최적화한다. 예를 들어, AI는 사용자가 일정 시간 내에 동일한 광고를 여러 번 시청하지 않도록 조정할 수 있다. 이는 광고 피로감을 줄이고, 이용자가 콘텐츠에 더 몰입할 수 있도록 도와준다.

결국, AI는 비디오 콘텐츠와 광고를 자연스럽게 통합하여 시청 경험을 방해하지 않도록 한다. 예를 들어, 콘텐츠의 특정 장면과 연관된 광고를 선택하거나, 스토리라인에 맞춘 광고를 삽입하는 방식으로 광고를 자연스럽게 연결할 수 있다. 이를 통해 광고는 콘텐츠의 일부처럼 느껴지며, 이용자는 광고에 대한 거부감을 덜 느끼게 된다.

참고문헌

유건식(2018). 한국 방송콘텐츠의 미래를 열다. 푸른사상.

04
EPG에 대한 AI 역할

AI는 FAST 서비스의 EPG에서 콘텐츠 추천, 프로그램 스케줄 최적화, 자동화된 콘텐츠 태깅, 광고 타기팅 및 실시간 피드백 분석 등 다양한 역할을 수행하여 시청자 경험을 향상하고, 방송사 및 광고주의 효율성을 높이는 데 중요한 역할을 하고 있다.

EPG란?

> AI가 주도하는 자동화는 전통적인 일자리를 계속해서 없앨 것이지만, 우리가 아직 상상할 수 없는 새로운 기회와 산업도 창출할 것입니다.
>
> – 젠슨 황(Jensen Huang) 엔비디아(NVIDA) 대표

EPG란 Electronic programming guides의 약자로 TV 방송 프로그램의 편성 내용을 알려 주는 전자 프로그램 안내를 뜻한다. 이를 통해 시청자는 방송 예정 프로그램의 목록을 확인하거나 선택할 수 있다. 방송사는 보통 1주일간의 편성표를 제작하여 홈페이지에 공지하고, EPG 업체를 통해 신문사, 포털, IPTV, 케이블TV, 위성TV 등에 보낸다.

2010년대 초반까지만 해도 신문에서 방송 프로그램 편성표를 게재했다. 인터넷과 디지털 시대의 도래에 따라 더 이상 지면 신문에서 편성표를 싣지 않고 있다.

프로그램 편성표에 대한 정보는 전자적으로 공지되고 있다. 현재의 케이블TV나 IPTV에서는 이 정보가 맞지 않는 경우가 종종 발생한다. EPG를 제공한 후에 재난 등으로 긴급 편성 방송을 하거나, 스포츠 중계가 길어져 예

정된 방송을 못 하는 경우가 발생하기 때문이다. 또, 기존 TV에서 불편한 부분은 TV 리모컨으로 프로그램 검색이 쉽지 않다는 점도 있다.

AI EPG의 필요성

OTT는 한동안 초기 넷플릭스처럼 광고 없는 구독형(SVOD)이 대부분이었고, 이후에 광고형(AVOD)이 병행되고 있다. 이 두 가지 유형은 콘텐츠를 클라우드에 올려놓고 서비스하므로 정교한 추천 시스템이 중요했다. 그러나 FAST는 VOD보다는 방송과 같은 채널 형태로 운영된다. 그것도 엄청나게 많은 채널을 보유하고 있다. 미국의 경우 패스트마스터(FASTMaster)에 따르면, 2024년 5월 현재 18개 서비스에 5264개의 채널이 있고 중복 채널을 제외하면 1943개다(Kasule, 2024.5.23). 개별적으로 보면 플렉스(Plex) TV 847개(전체는 180개 이상의 국가에서 1112개)(GlobeNewswire, 2024.4.17), 로쿠(Roku) 350개, 플루토(Pluto) TV 300개, 삼성TV플러스 250개, 투비(Tubi) 200개 이상의 채널을 보유하고 있다. 2020년 1470개가 증가하고, 2021년 1290개, 2022년 788개, 2023년 353개가 증가했으니 매우 빠른 성장을 했다. 그러나 증가 속도는 점차 급감하고 있다(Bridge,

2024.2.16).

채널이 이렇게 많다 보니 이용자가 채널 이름을 다 기억할 수도 없고 어떤 콘텐츠가 방송되는지도 알기 어렵다. 이런 경우 이용자에게 콘텐츠 추천이 필요하므로 AI의 접목이 절대적으로 필요하다. AI를 활용한다면, 이용자가 특정 채널이나 콘텐츠를 설정하지 않아도 이용자가 원하는 채널을 찾아서 서비스해 줄 수 있다. 또, AI의 대량 언어모델 머신러닝은 계속해서 시청자의 기호와 서비스를 제공하는 콘텐츠를 수월하게 업데이트할 수 있다.

장기적으로는 AI가 EPG 채널 자체의 추천보다 우수할 수 있다. 이용자들의 선호에 따라 개인 추천 채널들을 만들 수도 있다. 또 계절과 시간 등을 반영한 맞춤형 채널 구성을 해 줄 수 있다. 예를 들면 아침에는 뉴스, 저녁에는 드라마 채널들을 몰아서 보여 줄 수 있다.

FAST 서비스에서 가장 중요한 것은 AI 기반의 개인 맞춤형 추천 시스템이 FAST의 이용 시간을 늘려 광고 판매의 증가로 연결시킬 수 있다는 점이다(유건식 · 한정훈 · 노창희, 2023).

EPG와 관련된 AI의 역할

AI는 FAST 서비스의 EPG에서 여러 가지 중요한 역할을 수행하고 있다. 첫째, 콘텐츠 추천 및 개인화다. AI는 시청자의 시청 기록, 선호도, 행동 패턴 등을 분석하여 개인화된 콘텐츠 추천을 제공한다. 이를 통해 시청자는 자신에게 맞는 프로그램을 더 쉽게 발견할 수 있다. 예를 들어, 넷플릭스나 유튜브와 같은 플랫폼에서 이미 널리 사용되고 있는 알고리즘을 통해 이전에 시청한 프로그램과 유사한 콘텐츠를 추천받을 수 있다.

둘째, 프로그램 스케줄을 최적화할 수 있다. AI는 실시간 데이터를 분석하여 인기 있는 프로그램이나 특정 시간대에 높은 시청률을 기록하는 프로그램을 식별할 수 있다. 이를 통해 방송사는 프로그램 편성을 최적화하고, 시청률을 극대화할 수 있다. 예를 들어, 특정 프로그램의 시청률이 높은 시간대를 파악하여 그 시간대에 관련 콘텐츠를 배치하는 전략을 사용할 수 있다.

셋째, 콘텐츠 태깅과 분류를 자동화할 수 있다. AI는 영상 분석 기술을 사용하여 콘텐츠를 자동으로 태깅하고 분류할 수 있다. 예를 들어, 영상의 주요 장면, 배우, 배경음악 등을 식별하여 적절한 메타데이터를 추가함으로써 이용자가 원하는 콘텐츠를 더 쉽게 검색할 수 있게 한다. 이용자는 이를 통해 경험을 향상하고, 콘텐츠 검색의 효율성을 높일 수 있다.

넷째, 광고를 타기팅하고 집행하여 이에 대한 효과를 분석할 수 있다. AI는 시청자의 행동 데이터를 분석하여 맞춤형 광고를 제공하고, 광고 효과를 실시간으로 모니터링한다. 이를 통해 광고주는 더 높은 ROI(투자 비용 이익)를 달성할 수 있으며, 시청자는 보다 관련성 높은 광고를 보게 된다. AI 기반 광고 타기팅은 광고 노출 빈도를 최적화하고, 시청자의 광고 피로감을 줄이는 데 도움을 준다.

다섯째, 실시간으로 피드백하고 상호작용할 수 있다. AI는 실시간으로 시청자의 피드백을 수집하고 분석하여 방송 중에 바로 반영할 수 있다. 예를 들어, 시청자가 특정 프로그램에 대해 실시간으로 남기는 댓글이나 반응을 분석하여 프로그램 내용이나 방송 방식을 조정할 수 있다. 이는 방송사와 시청자 간의 상호작용을 강화하고, 시청자 만족도를 높이는 데 기여한다.

구글 TV 사례

구글은 800개의 채널을 볼 수 있는 구글 TV를 론칭하면서 하나의 스크린에서 모든 스트리밍을 볼 수 있다고 강조했다. 구글 TV는 크롬캐스트, 스마트TV, 모바일 앱으로 이용할 수 있다.

구글 TV는 자신들의 장점으로 네 가지를 내세웠다. 첫째, 앱을 이동할 필요가 없다. 자신이 원하는 스트리밍, 라이브 TV, 음악 등을 정리하여 즐길 수 있다. 둘째, 추천을 받을 수 있다. 구글은 이용자가 다음에 볼 영화나 TV쇼를 선택하여 추천한다. 셋째, 구글 어시스턴트를 활용할 수 있다. 이용자는 원하는 콘텐츠를 음성으로 찾을 수 있다. 넷째, 보고 싶은 목록을 만들 수 있다. 이용자는 TV나 폰, 구글 서치를 이용하여 영화나 TV쇼를 보고 언제나 싶은 목록에 추가할 수 있다.

이러한 작업을 하는 데 구글은 AI를 활용한다. 즉, 이용자가 특별히 설정하지 않아도 AI는 이용자가 원하는 채널을 찾아서 그것만 서비스해 줄 수 있다.

삼성 TV 플러스 TV 사례

삼성은 전 세계에 가장 많은 TV 세트를 공급한 브랜드다. 이를 기반으로 FAST에 공격적으로 뛰어들고 있다. 삼성 TV 플러스의 메뉴는 생방송, 추천, 마이 TV 플러스로 구성되어 있다. 생방송 탭을 클릭하면 익숙한 EPG가 뜬다. EPG에서 채널을 클릭하면 광고가 먼저 나오고 바로 콘텐츠를 볼 수 있다. 장르는 드라마, 예능, 뉴스, 어린이, 시사/교양, 기술/게임/과학, 스포츠, 영화, 음악, 쇼핑으로 구분되어 채널을 찾기 쉽게 되어 있다.

삼성 TV 플러스에 접속하면 기본적으로 최근 시청한 채널을 기준으로 관련 장르의 채널을 보여 준다. 또, '추천' 탭을 누르면 개인의 시청 행태와 프로필을 감안하여 AI가 콘텐츠를 추천해 준다.

참고문헌

유건식·한정훈·노창희(2023). OTT 트렌드 2024. 형설elife.

Bridge, G.(2024.2.16). There are 1,959 FAST Channels in the U.S. https://fastmaster.substack.com/p/there-are-1959-fast-channels-in-the

FAST 채널 확인. https://thechannellist.com/

GlobeNewswire(2024.4.17). Plex Now has the Largest FAST Channel Line-up Worldwide with 1,112 Free-to-Stream Live TV Channels. https://www.globenewswire.com/news-release/2024/04/17/2864611/0/en/Plex-Now-has-the-Largest-FAST-Channel-Line-up-Worldwide-with-1-112-Free-to-Stream-Live-TV-Channels.html

Kasule, M.(2024.5.23). US FAST channels grows by 13.1% and totals nearly 2,000. Digital TV. https://www.digitaltveurope.com/2024/05/23/us-fast-channels-grows-by-13-1-and-totals-nearly-2000/

Nielsen(2023.8). Linear TV's comeback: The arrival of FAST. https://www.nielsen.com/insights/2023/linear-tvs-comeback-the-arrival-of-fast/

05
OTT 서비스의 자막과 더빙

AI 번역 기능의 고도화에 따른 OTT 콘텐츠의 자동 자막과 더빙 기능으로 로컬 콘텐츠의 글로벌 확대가 가능해졌다. AI는 자막과 더빙 작업에서 자동 생성, 번역, 음성 합성, 감정 분석, 품질 관리, 맞춤형 이용자 경험 제공 등 다양한 방식으로 기여할 것이다. 결국 AI 기술들은 OTT 플랫폼이 글로벌 시장에서 경쟁력을 갖추고, 시청자에게 더 나은 경험을 제공하는 데 중요한 역할을 한다.

OTT 콘텐츠의 자막과 더빙

> 인공지능의 진보를 막을 수는 없습니다. 그것은 필연적으로 우리의 미래에서 중심적인 힘이 될 것입니다.
>
> — 막스 테그마크(Max Tegmark) 매사추세츠 공대 교수

2020년 1월에 열린 제77회 골든글로브 시상식에서 영화 〈기생충〉이 외국어영화상을 수상하자, 봉준호 감독은 "자막의 장벽을, 장벽도 아니죠, 1인치 정도 되는 그 장벽을 뛰어넘으면 여러분들이 훨씬 더 많은 영화를 즐길 수 있습니다"라고 수상 소감을 말해서 화제가 되었다. 이처럼 자국어가 아닌 콘텐츠를 즐기기 위해 자막과 더빙(dubbing)은 필수다. 특히, 미국이나 남미에서는 자막보다 더빙을 더 선호한다. 이런 환경에서 〈오징어 게임〉이나 〈쇼군〉이 에미상을 수상한 것은 대단한 일이다. 문제는 더빙을 하려면 자막보다 훨씬 비용이 많이 소요된다. 이에 대한 대안이 AI다. AI를 통해 자막이나 더빙을 수월하게 할 수 있기 때문이다. 점차로 자막이나 번역의 수준이 높아져 해외 콘텐츠를 즐길 수 있게 됐다. 이처럼 AI는 OTT 플랫폼에서 자막과 더빙 작업에 다양한 방식으로 기여할 수 있다.

AI 자동 자막 생성 및 번역

AI 기술은 음성 인식(Speech Recognition)과 자연어 처리(NLP, Natural Language Processing)를 이용하여 영상의 음성을 텍스트로 변환하고, 이를 자막으로 자동 생성할 수 있다. 이 기술은 자막 생성 시간을 단축하고, 비용을 절감할 수 있다. 구글의 유튜브는 이미 자동 자막 기능을 제공하고 있으며, 이를 통해 다양한 언어의 자막을 자동으로 생성할 수 있다.

AI 기반 번역 기술은 자막을 여러 언어로 번역하는 데 사용된다. 이는 OTT 플랫폼이 글로벌 시장을 대상으로 다양한 언어의 자막을 제공할 수 있게 해 준다. 예를 들어, 넷플릭스는 자사의 콘텐츠를 여러 언어로 번역하기 위해 AI 기반 번역 시스템을 활용하고 있다. 이는 번역의 일관성을 유지하면서도 신속하게 작업을 완료할 수 있도록 도와준다.

인터넷만 연결되면 세계 어디에서나 OTT를 볼 수 있는 환경이 되었다. 물론 지오블록(Geo-block) 때문에 제한이 많기는 하다. AI를 통해 자동으로 자막을 제공한다면 글로벌에서 다양한 콘텐츠를 이용할 수 있는 기회를 제공하게 된다.

AI 음성 감정 분석 및 적용

AI는 음성 데이터에서 감정을 분석하여 더빙 작업에서 감정 표현을 정확하게 전달할 수 있도록 한다. 이는 더빙된 음성이 원본과 감정적으로 일치하도록 도와준다. 이러한 기술은 시청자가 더 자연스럽게 느낄 수 있는 더빙 콘텐츠를 제공하는 데 기여한다. 단순히 텍스트를 읽는 수준의 더빙에 비해 AI가 캐릭터의 감정까지 분석하여 성우처럼 연기한다면 콘텐츠에 대한 몰입감은 엄청난 차이를 안겨 줄 것이다.

맞춤형 이용자 경험 제공

AI는 이용자의 언어 선호도와 시청 습관을 분석하여 맞춤형 자막과 더빙을 제공한다. 이는 시청자가 선호하는 언어로 자막이나 더빙을 자동으로 선택하여 제공함으로써 이용자 경험을 향상할 수 있다.

이와 더불어 가장 중요한 것은 AI가 자막과 더빙의 품질을 자동으로 검사하고, 오류를 탐지하여 수정할 수 있도록 한 것이다. 이는 자막의 오탈자나 번역의 오류를 줄이고, 더빙에서 싱크(입 모양과 발음의 일치) 문제 등을 해결하는 데 도움이 된다. 예를 들어, 그래말리

(Grammarly)와 같은 도구가 텍스트의 문법 오류를 자동으로 수정하는 것처럼, AI는 자막과 더빙의 품질을 높이는 데 기여하고 있다.

AI 더빙

AI는 콘텐츠 제작에도 쓰이고 있다. OTT 서비스 사업자들의 해외 진출이 늘어나면서 AI 더빙에 대한 수요와 공급도 늘고 있다. AI 더빙의 핵심은 특정 언어 콘텐츠를 다른 언어로 변환하는 기술이다. 처음 자동 더빙 기술이 등장했을 때는 기계음이 시청자들을 불편하게 하여 거부감이 들었다. 그러나 머신러닝 기술은 이런 장벽을 없애고 있다.

AI의 목소리를 만드는 데는 두 가지 방법이 있다. 기존 인간의 목소리를 학습하여 비슷하게 만들어 내는 방법과 여러 목소리를 학습하여 새로운 목소리를 창조하는 것이다. 요즘에는 둘 다 사람의 목소리에 가깝다.

영화 〈탑 건 매버릭〉에서 발 킬머가 연기하는 아이스맨의 목소리는 소난틱(Sonantic)이라는 기업이 만들어 낸 합성이다. 소난틱은 크래프톤(krafton)이 투자한 런던에 소재한 회사로 2022년 스포티파이가 인수했다. AI 보이스 클로닝(AI Voice Cloning)은 배우들의 실제 음성에 기반한 '합성 목소리'도 자연스럽게 만든다. 현존하는 오디오나 비디오 텍스트에 기반해 AI 앵커에게 새로운 노래를 부르게 할 수 있다. 미국의 AI 기술 회사인 베리톤(Veritone)은 영어를 한국어 등 116개 언어로 자연스럽게 번역할 수 있다. 영국의 AI 더빙 회사 페이퍼컵(Papercup)이나 미국의 실시간 자막과 더빙 전문회사 싱크워즈(SyncWords)가 스트리밍 서비스의 세계 시장 진출에 따라 부상하고 있다.

싱크워즈는 100개 이상의 언어로 자막이 가능하고 40개 이상의 언어로 실시간 더빙이 가능하다. 싱크워즈는 저렴한 가격이 특징이다. 하루 만에 실시하는 분당 AI 번역 비용은 검수하는 데 들어가는 3.5달러에 불과하다. 3~5일을 기다릴 수 있다면 1.95달러로 떨어진다. 주문형 비디오(VOD)와 라이브 스트리밍에도 적용이 가능하다(SyncWords, 2023.1.25).

미국의 플로리스(Flawless)는 원본 영상 촬영 후 배우들의 입 움직임과 얼굴 표정을 편집하는 딥페이크 스타일의 툴 개발에 집중하고 있다(Contreras, 2022.12.19). AI 기술이 적용된 이 툴을 이용하면 더빙 없이도 배우들이 다른 나라 언어로 말하는 장면을 자연스럽게 연출할 수 있다. 또 미국에 살고 있는 소수 인종들도 자막에서

해방시킬 수 있다. 또 심의 연령에 맞춰 언어 수위도 조절할 수 있다. 실제 플로리스는 성인 등급(R) 영화 〈가을(Fall)〉을 AI 툴을 통해 13세 등급으로 순식간에 전환시켰다.

영국 기반 스타트업 페이퍼컵 역시 빠르고 저렴한 번역과 통역 서비스를 자랑한다. 더빙을 위한 합성 인간 보이스를 만들어 내는 페이퍼컵은 어떤 언어로도 콘텐츠를 볼 수 있게 하는 것을 목표로 한다. 이 회사 솔루션의 기본 가격은 분당 20달러다. 특히, 번역의 품질을 유지하기 위해 인간의 검수 과정을 꼭 거치고 있다. 아울러 AI의 오남용을 막기 위해 라이선스보다는 완제품을 공급하고 있다. 최근 시리즈A에서 2000만 달러를 투자받았는데 영국 스카이와 가디언 미디어 그룹도 참여했다. 유튜브 구독자 1위 미스터 비스트도 자신의 유튜브 글로벌 진출에 이 회사의 번역, 통역 솔루션을 사용했다(Papercup, 2020.3.4).

이 외 과거 배우들의 음성을 복제해 영화나 비디오 게임에 사용하는 기술을 가진 레스피처(Respeecher)와 영화와 TV쇼 더빙을 위해 생성 AI를 이용하는 딥더브(Deepdub)도 많은 주목을 받고 있다.

이들 AI 더빙 솔루션은 글로벌 진출에 집중하고 있는

FAST 서비스에서 수요가 높다(Bridge, 2023.5.5). 향후에는 모든 엔터테인먼트 회사들이 AI 더빙을 콘텐츠에 적용할 수도 있다. AI와 OTT의 시너지 가능성은 무한하다. 그러나 아직은 장기적인 과제다.

참고문헌

Bridge, G.(2023.5.5). Freevee, Free Streaming Exclusives Emerge as NewFronts Winners.
https://variety.com/vip/2023-newfronts-freevee-and-free-streaming-exclusives-emerge-as-winners-1235603199/

Contreras, B.(2022.12.19). AI is here, and it's making movies. Is Hollywood ready? Los Angeles Times.
https://www.latimes.com/entertainment-arts/business/story/2022-12-19/the-next-frontier-in-moviemaking-ai-edits

Papercup(2020.3.4). Hear Your Voice in Any Language with Papercup!
https://www.youtube.com/watch?v=kWHkxvZyFOU

SyncWords(2023.1.25). New Solutions with SyncWords Live.
https://www.youtube.com/watch?v=kp_s7wJA3w4

06
핀란드의 위엘에 아리나 사례

핀란드의 위엘에(Yle) 방송사의 아리나는 AI를 이용한 개인화 서비스로 넷플릭스에 버금가는 혁신을 견인하고 있다. 아트워크 맞춤 기능과 강화 학습 알고리즘인 콘텍스추얼 밴딧(Contextual Bandit)이 특징이다. 현재는 넷플릭스에 밀렸지만, 한동안 2019년 이전에 한국의 웨이브나 티빙처럼 넷플릭스를 능가한 적이 있다.

핀란드 OTT 위엘에 아리나

> AI는 우리의 지능뿐만 아니라 우리의 가치와 두려움을 반영하는 거울입니다.
>
> — 라비 나라야난(Ravi Narayanan) 니섬(Nisum) 부사장

위엘에 아리나(Yle Areena)는 핀란드 공영방송 위엘에(Yle)가 운영하는 OTT로 2007년에 유럽 최초로 출범하였다. 이 서비스는 무료이며 세금으로 자금을 조달한다. 그래서 그런지 메뉴는 TV, 팟캐스트, 라이브로 구성되어 있다.

넷플릭스의 공세에 맞서 지속적으로 혁신하며 한동안 북유럽 OTT 시장의 선두를 유지하기도 했다(심용운, 2021.3.5). 리서치 회사 탈루스투트키무스(Taloustutkimus)가 2020년에 조사한 결과에 따르면, 핀란드의 온라인 브랜드 중에 위엘에 아리나가 8회 연속 1위를 차지했고, 외국 브랜드를 포함하면 3위로 넷플릭스나 아마존보다 높다. 핀란드에서는 인구의 92%가 위엘에 아리나를 알고 있고, 78%는 가끔 이 서비스를 이용한다. 그 이유로 아리나 서비스를 통해 온라인 스트리밍에 인상적인 진출을 이루고 있어 넷플릭스보다 보다 더 인기가 있

었다(yle, 2020.9.21). 위엘에 아리나가 AI를 활용하여 핀란드의 넷플릭스가 되었다는 보도도 있었다. 우 적은 것을 알 수 있다.

2021년 기준으로 아리나의 동영상 조회 수는 10억 회를 넘어섰으며, 이는 핀란드 인구 1인당 190회 이상을 조회했다는 것을 의미한다(Dickson, 2021.1.21). 글로벌 OTT 수요 조사 업체인 패럿 어낼리틱스(Parrot Analytics)의 2023년 2분기 보고서에 따르면, 핀란드의 OTT 오리지널 수요 현황은 넷플릭스가 9.3%, HBO 7.4%, 디즈니 4.8%, CBS 4.6%, NBC 4.3%순(Parrot Analytics, 2022.12.16)으로 넷플릭스의 인기가 압도적이지는 않다. 그리고 플릭스패트롤 2024년 3분기 현황에 따르면 글로벌 OTT에 많이 밀리고 있지만, 프랑스나 독일에 비해서는 조금 낫다.

위엘에 아리나의 AI 도입

2007년에 설립된 위엘에 아리나는 유럽 최초의 온라인 비디오 서비스 중 하나였다. 거대 스트리밍 업체들이 현지 스트리밍 서비스와 방송사에 도전하는 동안에도 위엘에는 계속 성장해 왔다. 성공에 기여한 핵심 요인 중 하나가 AI를 도입하여 이용자 경험을 개인화하는 능력이었다. 이 회사는 자문 회사인 포카인드(Fourkind)의 도움으로 이 기능을 개발했다. 2년간의 개발로 아리나 플랫폼에 개인화를 구축하였다.

포카인드의 전략디자인 국장 엘리나 휴모(Elina Huumo)는 고객의 가치를 빠르고 효과적으로 창출하는 방법은 고객을 깊이 이해하는 것 외에는 없으므로 스스로 쇄신할 수밖에 없어 AI 추천 시스템을 설계했다고 말했다. 위엘에는 넷플릭스와 같은 회사의 리소스를 가지고 있지 않지만, 보유하고 있는 3만 시간 이상의 고유한 콘텐츠를 이용자에게 연결할 수 있는 능력이 핀란드인에 대한 매력을 유지하는 데 매우 중요했다. 또, 항상 고객 중심적이어야 하며 지능적인 방식으로 콘텐츠를 생성하고 고객에게 추천(초개인화 추천 서비스)해야 한다고 강조했다(배영준, 2021.1.22).

위엘에 아리나 AI의 특징

위엘에 아리나의 성공에 기여한 핵심 요인이 인공지능을 활용한 이용자 경험의 개인화다. 위엘에 아리나는 이용자 경험의 개인화를 위해 첫째, 아트워크 맞춤 기능을 도입했다. 위엘에 아리나는 머신러닝 알고리즘을 사용해 이용자별로 동영상 콘텐츠에 가장 적합한 섬네일을 선택해 준다. 같은 동영상 콘텐츠일지라도 개개인 이용자가 관심을 가질 만한 맞춤 이미지를 띄워 준다. 이는 수익에 영향을 미칠 뿐만 아니라 어떤 이미지가 어떤 유형의 고객에게 콘텐츠 성능을 주도하는지에 대한 이해를 높인다. 이 기술을 활용해 위엘에 아리나의 콘텐츠별 조회 수가 2% 증가했다.

둘째, 통제된 탐색과 피드백을 통해 고객 선호도를 발견하는 강화 학습 알고리즘인 콘텍스추얼 밴딧 (Contextual Bandit)을 구현했다. 많은 플랫폼이 특성과 행동에 따라 이용자를 집단으로 묶고 동일한 집단의 이용자가 본 콘텐츠를 추천하는 기계 학습 알고리즘을 사용한다. 그러나 이러한 기계 학습 시스템은 종종 오류가 많고 편향된 데이터와 새로운 콘텐츠를 제공하는 대신 이용자 선호도를 강화하는 버블 효과로 어려움을 겪는다. 그래서 위엘에 아리나는 콘텍스추얼 밴딧을 개발하여 초개인화 추천 서비스가 필요한 곳에 사용한다. 위엘에 아리나는 개개인의 이용자 맞춤 메인 화면을 보여 준다. 이 알고리즘을 사용하고 난 후, 메인 화면에 보이는 콘텐츠를 시청하는 사람들이 5% 늘어났다. 이 외에도 위엘에 아리나는 기계 학습을 통해 AI가 스스로 동영상 콘텐츠의 장면을 찍어 섬네일로 사용하는 기능을 개발하고 있다. 이 기능이 사용되면 모든 추천 서비스 작업을 자동화할 수 있다.

셋째, 간단한 솔루션이다. 대체로 추천 시스템은 복잡하고 정교한 시스템이다. 넷플릭스가 2006년 자신의 구독자들이 어떤 선호도를 갖는지 예측하는 최고의 알고리즘을 제공하는 자에게 100만 달러를 주는 넷플릭스 프라이즈를 런칭했다. 2009년 우승자가 발표됐고 수정·보완을 거쳤다. 해당 알고리즘은 추천 엔진에 적용돼 중요한 역할을 수행하고 있다. 그만큼 막대한 비용이 소요되는 것으로 알려져 있으나 위엘에 아리나는 슬기롭게 대처했다. 위엘에의 고객 경험 국장 자코 렘피넨(Jaakko Lempinen)은 개발한 인공지능 추천 시스템은 "전체 경험의 작은 부분에 영향을 미치기 때문에 간단한 솔루션"이라고 말했다. 이 부분은 국내 OTT의 검색 및 추천 기능 개발자에게 통찰을 준다.

위엘에 아리나의 미래

위엘에의 고객 경험 국장 자코 렘피넨은 위엘에가 "핀란드 사람들의 의견을 경청하고 상호 작용하여 핀란드 사람들을 깊이 이해하고, 의미 있는 콘텐츠를 만들고, 더 나은 콘텐츠와 개인화된 경험, 모두를 위한 세계적 수준의 추천을 구축"하도록 하겠다고 밝혔다. 이 부분은 글로벌이 아닌 개별 국가나 지역 단위의 OTT만이 할 수 있는 영역이다. 국내에서도 이러한 점은 반드시 명심할 필요가 있다.

참고문헌

배영준(2021.1.22). 핀란드 OTT 위앨에 아레나, AI를 이용해 넷플릭스를 뛰어 넘었다. AI타임스. https://www.aitimes.com/news/articleView.html?idxno=135895

심용운(2021.3.5). 넷플릭스 누른 핀란드 OTT '아리나'…비결은 AI 활용한 초개인화. 한경Business. https://magazine.hankyung.com/business/article/202102240491b

Dickson, B.(2021.1.21). How this company leveraged AI to become the Netflix of Finland. TNW. https://thenextweb.com/news/how-this-company-leveraged-ai-to-become-the-netflix-of-finland

Flixpatrol(2024.8.3). https://flixpatrol.com/preferences/netflix/company/

Parrot Analytics(2022.12.16). https://www.parrotanalytics.com/insights/the-state-of-streaming-and-tv-in-finland-q3-2022/

yle(2020.9.21). Yle Areena jatkaa Suomen arvostetuimpana verkkobrändinä. https://yle.fi/aihe/artikkeli/2020/09/21/yle-areena-jatkaa

–suomen–arvostetuimpana–verkkobrandina

07
폭스 투비의 래빗 AI 사례

미국의 폭스(Fox) 그룹은 광고 기반 스트리밍 서비스인 투비(Tubi)에 생성형 AI를 적용한 AI 검색 시스템 "래빗 AI"를 2023년 9월 26일 공개했다. 래빗 AI는 챗지피티-4가 탑재된 인공지능으로 애플 운영체제의 모바일 앱에서 베타 테스트로 출시되었다. 이용자들이 친구와 대화하는 것처럼 자연어 질문을 통해 영화와 TV 프로그램을 찾을 수 있게 하여 보다 상호작용적이고 직관적인 방법을 제공한다.

투비

> AI와 머신러닝은 다음에 올 큰 것들입니다. 현실은 아직 우리에게 완전히 다가오지 않았지만, 그것이 오면 엄청날 것입니다.
>
> — 순다르 파차이(Sundar Pichai) 알파벳 최고경영자(CEO)

투비(Tubi)는 국내에서는 서비스하지 않으므로 생소할 수 있다. 2024년 5월 현재 8000만 명의 이용자를 확보해 가장 규모가 큰 FAST 서비스다. 투비는 2014년 4월에 출시하였고, 2020년 4월 폭스(Fox Corporation)에 인수되었다. 판매 금액은 4억4000만 달러였다.

투비는 "미국에서 가장 많이 시청하는 무료 TV 및 영화 스트리밍 서비스로, 모든 사람들이 전 세계의 모든 이야기를 접할 수 있도록 최선을 다하고 있다. AVOD(광고 지원 모델) 서비스로 다양한 이용자에게 개인화된 경험을 제공한다. 점점 증가하는 투비 오리지널과 거의 250개의 FAST 채널에서 20만 개 이상의 영화 및 TV 에피소드를 서비스하고 있다"고 설명하고 있다(tubi, 2023.9.26).

투비는 2022년 12월에는 CJ ENM과 콘텐츠 계약을 체결하여 한국의 콘텐츠를 유통하고 있고, 2023년 1월에는 워너브라더스 디스커버리와도 콘텐츠 계약을 맺었다. 2023년 12월에는 DC TV쇼와 영화를 주문형으로 추가하는 것과 함께 아홉 개의 새로운 FAST 채널을 제공하는 콘텐츠 계약을 체결했다.

투비의 해외 진출

투비는 2019년 9월 호주와 뉴질랜드, 2020년 1월 멕시코, 2022년 7월 캐나다, 2022년 코스타리카, 에콰도르, 엘살바도르, 과테말라, 파나마, 2024년 7월 영국에 진출했다(Grierson, 2024.7.2).

투비는 유럽에는 진출이 막혀 있다. 유럽연합이 2016년 채택하여 2018년 5월부터 발효된 유럽의 일반정보보호규정(GDPR, The General Data Protection Regulation) 탓이다. 유럽에서 지속적으로 재개를 꾀하고 있지만 아직 해결을 못 하고 있다. 영국에서는 2024년 7월에서야 다시 출시되었다.

투비의 AI 추천툴 '래빗AI'

투비는 2023년 9월 생성AI(Generative AI)를 적용한 AI 검색 시스템 래빗(Rabbit AI)을 공개했다. AI가 새로운 TV 프로그램과 볼만한 영화를 제안하는 비서 역할을 하는 콘셉트다.

래빗AI는 챗지피티-4가 탑재된 인공지능으로 애플의 운영체제인 iOS 모바일 앱에서 베타 테스트로 출시되었다. 이용자들이 친구와 대화하는 것처럼 자연어 질문을 통해 영화와 TV 프로그램을 찾을 수 있게 하여 보다 상호작용적이고 직관적인 방법을 제공한다. 이 기능은 이용자의 입력 정보와 시청 습관을 기반으로 개인화된 추천을 제공하여 이용자 경험을 향상하는 것을 목표로 한다(tubi, 2023.9.26).

홍보 영상에는 이용자가 '상어가 나오는 코미디 영화(Any movies that are funny about sharks)'라고 입력하면 래빗AI가 〈샤크베이트(Shark Bait)〉, 〈샤크 쓰나미(Sharknado)〉, 〈샤쿨라(Sharkula)〉, 〈빅풋 vs. 메가로돈(Bigfoot vs Megalodon)〉 등의 영화를 추천하는 장면이 나온다. 이용자들은 '나의 결과 리스트(My List watchlist)'와 '검색 리스트'를 저장해 나중에도 활용할 수 있다.

투비는 마이리스트, 선호도, TV와 영화 시청 패턴 등의 검색 기능을 제공하고 있다. 래빗AI는 여기에 AI를 적용해 정확도와 만족도를 높이는 방식을 사용하고 있다. 래빗AI는 검색과 알고리즘에도 반영돼 추천 정확도는 계속 높아진다. 일반 AI처럼 콘텐츠에 대한 질문을 하면 할수록 더 똑똑해진다.

래빗AI 플러그인 기능은 미국의 오픈AI 구독자만 사용할 수 있다. 지난해 베타 운영 후 문제점을 보완해 다른 국가로 적용 대상 지역을 확대하고 안드로이드 버전도 조만간 출시한다고 했는데 아직 확대했다는 기사는 보이지 않는다.

래빗AI라는 이름은 투비의 마스코트 토끼에서 왔다. 비디오 스트리밍에 AI가 적용될 경우 새로운 시너지를 만들어 낼 수 있다. 스트리밍 서비스 구독자들은 의외로 검색이 쉬운(혹은 검색에서 상위에 노출되는) 콘텐츠를 그냥 시청하는 경우가 많기 때문이다. 블레이크 바세트(Blake Bassett) 투비 제품 담당 이사는 "스트리밍 이용자 다섯 명 중 한 명은 '검색이 쉬운' 콘텐츠를 먼저 본다고 답했다"라고 말했다. 그는 또 "투비의 경우 시청자를 위한 콘텐츠 검색에 최적화되어 있다"며 "투비에서는 대형 라이브러리, 개인화 및 머신러닝 알고리즘 덕분에 특정한 콘텐츠를 제대로 찾을 수 있다. 래빗AI로 콘텐츠 발견 경험을 다시 재미있게 만들고 있다"라고 강조했다.

'토끼 굴'의 의미

폭스는 슈퍼볼 광고에서 토끼굴(Rabbit hole)을 통해 시청자를 원더랜드로 이끌었다. 2023년 2월 미국 미식축구리그(NFL) 결승전인 슈퍼볼 광고에서 토끼들이 사람들을 구멍(토끼 굴)에 빠트렸는데 투비 콘텐츠를 보고 감탄하는 장면을 연출하고 마지막에 "당신이 찾고 있는지 몰랐던 토끼 굴을 찾아라(Find rabbit holes you didn't know you were looking for)"라는 태그라인으로 끝을 맺었다.

토끼 굴은 서로 다른 층위의 서사를 연결하는 매듭이다. 서로 다른 이야기의 층위를 가로지르며 뚫려 있는 구멍을 트랜스미디어의 용어로 토끼 굴(rabbit hole)이라고 부른다. 소설『이상한 나라의 앨리스』에서 앨리스가 하얀 토끼를 따라가다가 현실 세계에서 이상한 나라로 미끄러져 들어간 것에서 빌려온 단어다. 토끼 굴은 트랜스미디어에서 이용자가 현실에서 이야기의 세계로 빠져 들어가게 하는 진입점을 의미한다. 서구의 트랜스미디어에서는 주로 증강현실(AR, Augmented Reality)의 형식을 취해서 가상의 세계를 현실에서 경험하게 하는 방식으로 만든다. 이야기의 수용자가 직접 특정 사이트에 들어가 퍼즐을 풀어야만 세계관의 새로운 스토리를 볼 수 있게 한다거나, 영화의 세계가 실제로 인식될 수 있는 이벤트를 만들어 관객을 적극적으로 끌어들이는 등의 여러 가지 방식이 있다(홍석경, 2020)

투비는 토끼 굴 광고를 통해 시청자를 투비라는 토끼 굴로 안내했고, 래빗AI를 통해서 손쉽게 콘텐츠를 찾으라는 의미를 부여한 듯하다. 미국 연예 잡지 ≪버라이어티≫는 이를 투비가 AI 기반으로 토끼 굴로 내려갔다고 표현했다(Spangler, 2023.9.26).

FAST에서 검색의 중요성

검색 기능을 더 활성화하고 AI를 적용해 더 미세한 추천을 하면 더 많은 콘텐츠를 보게 된다. 많은 콘텐츠 수급 비용을 투입해 다양한 프로그램을 보유하고 있는 스트리밍 플랫폼의 경우 자원을 효율적으로 활용할 수 있게 된다.

특히, 무료 스트리밍 플랫폼일수록 검색의 편의성과 정확성에 기대는 경향이 높다. AI를 이용해 검색의 편의성을 더할 경우 이용자를 잡아 둘 수 있는 힘은 더 커진다. ≪버라이어티≫가 베보&퍼브리시스 미디어(Vevo and Publicis Media)에 구독자들의 TV시청 습관을 조사한 결과 시청할 콘텐츠를 쉽게 찾을 수 있는 것, 즉 콘텐츠 검색 과정을 편리하게 하는 것이 이 시청자들이 FAST 채널을 찾는 주요 요인이었다. 당연한 말이지만 콘텐츠 검색이 더 편할수록 해당 채널이나 플랫폼을 이용할 가능성이 높아진다(Aquilina, 2023.9.26).

이용자들로부터 높은 평가를 받은 무료 스트리밍 서비스들은 '영화와 TV타이틀의 제공 개수'와 함께 '잘 구성되어 있다(well organized)'는 평가를 받았다. 영화와 TV 제공 개수만큼이나 검색이나 구성이 잘되어 있는지가 중요하다. 탐색성(navigability)은 스트리밍 시대 핵심이다. 훌루, 맥스, 디즈니플러스 등 주요 메이저 스트리밍 서비스에 대한 2023년 5월 ≪버라이어티≫ 조사(SmithGeiger survey)에서도 플랫폼에 대한 불만 중 주요 사안으로 탐색성 문제가 자주 언급됐다. FAST 애호가의 85%가 채널을 선택하는 주요 요인으로 '특정한 것을 찾고 있을 때 유용함(great for when I'm looking for something specific)'을 꼽았다(Aquilina, 2023.9.26).

FAST의 매력은 케이블TV의 최대 강점인 '그냥 방송되는 프로그램을 보는 것(just see what's on experience of cable)'이라는 매력을 스트리밍에서 경험할 수 있다는 것이다. 때문에 베보 조사에서 '원하는 것이 나올 때까지 콘텐츠를 검색하는 경향(browse or scroll until I come across something)'은 FAST가 가장 높았다(59%). 유료 방송(MVPD) 44%, 유료 구독 서비스(Ad-free SVOD) 43%, AVOD 36%순이다. 검색 시간이 길어질 경우 광고 플랫폼에는 도움이 된다.

이용자들이 FAST에 열광하는 이유는 검색의 용이성을 넘어 자신이 즐기는 콘텐츠를 쉽게 찾을 수 있기 때문이다. 단지 검색이 쉬워서가 아니라 좋아하는 콘텐츠를 편리하게 볼 수 있어서 FAST를 방문한다. 이 지점에서 AI는 효과적으로 능력을 발휘할 수 있다. 자신이 즐기는 콘텐츠를 검색할 수 있도록 한다면 체류 시간이 더 늘어날 수 있다.

실시간 TV채널이 포함된 FAST는 검색이 더 자유롭다. VOD를 검색하는 대신 FAST 앱에 들어가서 무엇이 방송되고 있는지 확인하면 된다. 이때 이용자들은 실시간 채널들의 편성표인 EPG를 주로 활용한다. 여기에 AI가 붙어 AI EPG가 된다면 취향을 저격할 수 있다. 케이블TV를 중단하고 스트리밍 서비스로 이동하는 코드커팅(cord cutting)은 점점 일반화되고 있다(유건식 · 한정훈 · 노창희, 2023).

그러나 코드 커팅의 대역설은 TV 시청자들이 선택의 자유를 그다지 좋아하지 않는다는 점에서 생겨난다

(Bridge, 2023.8.14). TV 시청은 원래 수동적이다. 앞서 언급했듯 콘텐츠 검색은 유료 스트리밍 이용에서 가장 큰 불편한 요소다. 많은 소비자들이 본인이 보고 싶은 콘텐츠를 찾는 데 대한 어려움을 호소하고 있다. 이런 점에서 실시간 채널은 스트리밍에게 고객을 끌어들이는 데 가장 강력한 무기가 될 수 있다. 여기에 AI가 붙는다면 그 힘은 배가 된다.

참고문헌

유건식·한정훈·노창희(2023). OTT 트렌드 2024. 형설elife.

홍석경(2020). BTS 길 위에서. 어크로스.

Aquilina, T.(2023.9.26). Content Discovery Is Fueling Love for FAST.
https://variety.com/vip/content-discovery-fueling-love-for-fast-1235734327/

Bridge, G.(2023.8.14). Cord-Cutting Q2 2023 Review: From Worse to Worser Still. Variety.
https://variety.com/vip/cord-cutting-q2-2023-review-from-worse-to-worser-still-verizon-comcast-charter-dish-hulu-1235693996/

Grierson, A.(2024.7.2). Rupert Murdoch's Fox Corp launches Netflix rival Tubi in UK. The Guardian.
https://www.theguardian.com/tv-and-radio/article/2024/jul/02/rupert-murdoch-fox-corp-launches-netflix-rival-tubi-in-uk

Spangler, T.(2023.9.26). Fox's Tubi Goes Down ChatGPT Rabbit Hole With New AI-Powered Recommendations. https://variety.com/2023/digital/news/tubi-chatgpt-rabbit-ai-recommendation-1235735415/

tubi(2023.9.26). Find Your Next Obsession with Tubi's New GPT-4 Powered Content Discovery Feature. https://corporate.tubitv.com/press/find-your-next-obsession-with-tubis-new-gpt-4-powered-content-discovery-feature/

08
웨이브 아메리카 코코와플러스의 키토크 사례

2016년 설립한 웨이브 아메리카(Wavve America)는 2023년 9월 자체 OTT 플랫폼인 코코와플러스(KOCOWA+)에 K-콘텐츠 스트리밍 플랫폼 최초로 AI 검색 기능인 키토크(KeyTalk)를 도입했다. 웨이브 아메리카는 KBS, MBC, SBS가 미국에서 OTT 서비스를 위해 2016년 설립한 KCP(Korean Content Wave)의 후신이다. 코코와플러스는 글로벌 74개국에서 영어, 스페인어, 포르투갈어를 기반으로 서비스하고 있다.

코코와와 코코와플러스

AI는 전기 이후 가장 변혁적인 기술이 될 것입니다.

— 에릭 슈미트(Eric Schmidt) 전 구글 최고경영자(CEO)

2016년 미국 로스앤젤레스에 설립된 KCP(Korea Content Platform)는 1년간의 준비를 통해 2017년부터 한국 드라마, 예능, 케이팝(K-POP), 그리고 뉴스 등을 스트리밍하는 코코와(KOCOWA) 서비스를 론칭하였다. 코코와 서비스는 라쿠텐 비키를 시작으로 온디맨드 코리아, 구글, 아마존, 컴캐스트, 버라이즌 등 미주지역 메이저 미디어들과 제휴를 통해 미주 지역에 서비스하고 있다(콘텐츠웨이브, 2023.6.19).

코코와플러스는 코코와의 프리미엄 계정으로 광고 없이 시청할 수 있고, 코코와보다 더 많은 콘텐츠를 서비스하고, 고화질 스트리밍과 오프라인 시청이 가능한 서비스다. 코코와플러스는 아이폰의 운영체제(iOS)와 안드로이드 어플리케이션을 통해 이용할 수 있고, 요금은 월 6.99달러(연간 69.99달러)이고, 프리미엄은 월 7.99달러(연간 79.99달러)다.

코코와플러스의 AI 추천 서비스 도입

북미 최대 한국 엔터테인먼트 스트리밍 플랫폼 코코와플러스는 2023년 9월 구독자들의 콘텐츠 몰입도를 높이기 위해 AI 기반 검색 기능인 '키토크(KeyTalk)'를 도입했다(콘텐츠웨이브, 2023.10.4). 키토크를 K-콘텐츠 OTT에 도입한 최초 사례다.

키토크는 자신이 원하는 결과물을 도출할 수 있도록 돕는 '프롬프트 엔지니어링' 회사인 키토크 AI(옛 마이셀럽스, www.keytalkai.com)가 만든 서비스다. 키토크는 AI가 선별한 데이터로 더 현명한 결정을 내릴 수 있도록 지원하는 것이 미션이다. 이를 위해 이용자가 AI를 활용해 원하는 콘텐츠나 상품 결괏값을 얻을 수 있도록 적합한 명령어를 제공한다. 키토크 AI의 솔루션으로는 적절한 키워드를 조합해 이용자가 원하는 영화, 드라마, 연예인을 찾을 수 있도록 해 주는 '마이무비(Maimovie)', '스테이피아(Staypia)', '글램아이(Glamai)', '마이셀럽스 스타(Mycelebs Star)'가 있다. 코코와플러스는 키토크 탑재로 구독자들의 콘텐츠 검색 시간이 단축되고 만족도도 대거 높아질 것으로 보고 있다.

OTT 서비스에서 보면, 이용자의 질문에 대한 답을 통해 보다 개인화된 시청 경험을 제공한다.

코코와플러스에 탑재된 키토크의 가장 큰 장점은 넓은 검색 범위다. 이용자는 메타데이터를 통해 원하는 콘텐츠 정보를 보다 빠르고 얻고 효율적으로 이용할 수 있다.

시간이 지날수록 콘텐츠의 숫자는 증가할 수밖에 없다. 끊임없이 새로운 콘텐츠가 만들어지기 때문이다. 닐슨에 따르면 미국, 영국, 캐나다, 독일 등에서 서비스되는 콘텐츠가 2021년 7월 190만 개에서 2023년 7월 270만 개로 증가하였고, 콘텐츠를 고르는 데도 평균 10.5분이 걸린다(Nielsen, 2023.8)다. 이처럼 이용자가 콘텐츠를 즐길 수 있는 시간은 한정되어 있는데 콘텐츠가 무한히 증가하기 때문에 보고 싶은 콘텐츠를 선택하는 데 고민이 많게 된다. '넷플릭스 증후군'이라고 있는데 실제 콘텐츠를 감상하는 시간보다 무엇을 볼지 결정하는 데 걸리는 시간이 더 많은 현상, 또는 작품을 고르다 정작 본목적인 영화나 드라마 감상은 하지 못하고 시간을 보내는 현상을 말한다(조은교, 2021.10.1).

넷플릭스는 이러한 현상을 해결하기 위해 '시크릿 코드'를 만들었다. '무술을 주제로 한 영화', '실화를 기반으로 한 드라마', '역사 다큐멘터리' 등 보고 싶은 분야를 숫자 몇 개만 입력하면 한 번에 모아서 보여 준다. 액션 &

어드벤처는 '1365', 아시아 액션 영화는 '77232', 클래식 액션 & 어드벤처는 '46576' 등이다. 넷플릭스 앱(홈페이지)의 검색창에 일련의 숫자를 넣고 검색하거나, 웹브라우저에서 'www.netflix.com/browse/genre/시크릿 코드(숫자)'를 입력하면 된다.

코코와플러스의 키토크 작동 방법

코코와플러스의 키토크는 OTT 서비스에서 검색 시간을 단축하고 정확한 표적을 검색하도록 해 준다. AI기반 데이터 변환 기술을 이용해 다양한 언어와 섬네일, 검색 지점을 제공해, 정밀한 콘텐츠 추천이 가능하다. 또, 이용자의 질문에 따라 서로 다른 결과를 노출해 이용자 만족도가 높다고 한다. OTT 서비스들이 기본적으로 콘텐츠 추천을 해 주는데, 코코와플러스는 기본적으로 이용자의 검색 결과와 질문을 바탕으로 '개인에게 최적화된' 콘텐츠를 추천한다.

그 예로 마이셀럽스 스타가 탑재된 코코와플러스는 '런닝맨과 같은 단어를 포함한 쇼(shows like Running Man)'를 찾는 대신 자연어 기반으로 '런닝맨'과 유사한 내용의 버라이어티 쇼를 노출해 준다.

키토크의 주요 특징을 알아보면 첫째, 자연어 기반 검

색이다. 키토크는 이용자가 자연어로 질문을 하면, 이를 이해하고 적절한 콘텐츠를 찾아 준다. 예를 들어, "런닝맨과 유사한 쇼"를 찾고자 할 때, 동일하게 입력하면 키토크는 이를 해석하여 런닝맨과 유사한 버라이어티 쇼를 추천한다. 둘째, 개인화된 추천이다. 이용자의 검색 결과와 질문을 바탕으로 개인에 최적화된 콘텐츠를 추천한다. 이는 시청 만족도를 높이고, 몰입감을 극대화하는 데 도움을 준다. 셋째, 넓은 검색 범위다. 키토크는 메타데이터를 활용하여 다양한 언어와 섬네일, 검색 지점을 제공함으로써 효율적이고 정밀한 콘텐츠 추천이 가능하다. 넷째, OTT 서비스에서 매우 중요한 빠른 검색이다. 키토크는 검색 시간을 단축해 주며, 보다 정확한 표적 검색이 가능하다. 다섯째, 다양한 콘텐츠를 찾아 준다. 키토크는 영화, 드라마, 연예인을 포함한 다양한 콘텐츠를 적절한 키워드를 조합하여 찾을 수 있는 솔루션을 제공하고 있다(유건식 · 한정훈 · 노창희, 2023).

코코와플러스의 키토크가 가져올 변화

키토크는 AI 기반의 검색 및 추천 솔루션으로 이용자가 원하는 콘텐츠를 보다 쉽게 찾을 수 있도록 돕는 기술이다. 가장 큰 장점이 구어체의 단어를 사용하여 자연어 기반의 검색을 통해 관련 콘텐츠를 추천한다는 점이다. 추천된 콘텐츠를 클릭하면 정형화된 내용이 아니라 AI가 개인 맞춤형 단어로 결괏값을 보여 준다는 데 매력이 있다.

한국의 콘텐츠가 해외로 진출하는 데 가장 큰 장애 요인의 하나가 언어 장벽이다. AI의 발달에 따라 더 정확한 번역이 가능할 것이기 때문에 키토크는 한국의 OTT가 글로벌로 진출하는 데 필수적인 기술이다. 코코와플러스를 통해 K-드라마, K팝, K-영화 등이 더 많이 노출되고 인기를 얻어 한류의 지속과 발전에 기여하리라 생각한다.

참고문헌

유건식·한정훈·노창희(2023). OTT 트렌드 2024. 형설elife.

조은교(2021.10.1). '이렇게 많은데 볼 게 없네...' 혹시 나도 넷플릭스 증후군?. 한국연예스포츠신문. https://www.koreaes.com/news/articleView.html?idxno=360674

콘텐츠웨이브(2023.6.19). 박근희 웨이브아메리카 대표 "K콘텐츠 글로벌 진출 최적 경로 지원". https://www.contentwavve.com/news/articleView.html?idxno=366

콘텐츠웨이브(2023.10.4). KOCOWA+, 검색 속도 향상 위해 AI기반 키토크(KeyTalk) 도입.

https://www.contentwavve.com/news/articleView.html?idxno=443

Nielsen(2003.8). Nielsen's State of Play Report Delivers New Insights as Streaming's Next Evolution Brings Content Discovery Challenges for Viewers. https://www.nielsen.com/news-center/2023/nielsens-state-of-play-report-delivers-new-insights-as-streamings-next-evolution-brings-content-discovery-challenges-for-viewers/

09
OTT의 AI 활용에 대한 과제

OTT의 AI 활용에서 과제는 데이터 프라이버시 및 보안, 번역 및 더빙 품질, 윤리적 문제, 이용자 경험 문제 등이 있다.

OTT 서비스의 AI 활용의 문제점

> AI를 만드는 데 성공하는 것은 인류 역사상 가장 큰 사건이 될 것입니다. 불행히도, 우리가 그 위험을 피하는 방법을 배우지 않는다면 그것이 마지막 사건이 될 수도 있습니다.
>
> – 스티븐 호킹(Stephen Hawking)

우리의 삶 어디에나 AI의 활용이 증가하고 있다. 지금까지 알아본 바와 같이 OTT 영역에서도 그렇다. 그러나 AI의 문제점으로 정보 보안이나 개인정보 문제, 정보 편향성, 환각(Hallucination) 등 여러 이슈가 있다. BBC는 2024년 초 "생성형 AI를 비롯한 인공지능 사용에 관한 지침"과 "책임감 있는 AI 사용을 위한 안내서"를 발간했다. BBC도 생성된 결과물이 가질 수 있는 알고리즘 편향이나 학습된 데이터의 부정확성 문제, 환각, 표절, 모방 등 AI 사용으로 인해 발생할 수 있는 문제들을 정리해 놓았다(이윤녕, 2024.8).

유럽연합은 2024년 8월 1일 "인간의 기본권을 보호하기 위한 안전장치를 포함해 EU에서 개발 · 사용되는 AI의 신뢰성을 보장하기 위해" 세계 최초로 AI 규제법을 발효시켰다. 원천 기술 금지 규정은 6개월 뒤부터, 범용AI

에 대한 의무 규정은 12개월 뒤부터 전면 시행은 2년 뒤인 2026년 8월부터다(https://artificialintelligenceact.eu). 이 법에 따르면 특정 제품이나 분야에서 AI 기술을 활용할 때 발생할 수 있는 위험 정도에 따라 네 단계로 나눠 차등 규제가 이뤄진다. 부정적 영향을 줄 위험이 높을수록 더 엄격한 규제가 적용된다. 의료, 교육, 선거, 핵심 인프라 등에 활용되는 AI 기술은 고위험 등급으로 분류돼 사람이 AI 사용을 반드시 감독해야 하고 위험 관리 시스템을 구축해야 한다(정빛나, 2024.8.1). OTT에서 활용하는 AI는 고위험 등급에 해당하지는 않을 것이다.

OTT 플랫폼에서 AI를 활용하는 데에는 데이터 프라이버시, 번역과 더빙의 품질, 윤리적 문제, 저작권 보호, 이용자 경험 개선, 기술적 한계, 비용 문제 등 다양한 과제가 존재한다.

데이터 프라이버시 및 보안

OTT에서도 AI 기술은 개인 데이터를 기반으로 작동하므로 이용자의 프라이버시와 데이터 보안 문제는 중요한 문제로 도출될 수 있다. 특히, 가입자 정보를 입력해야 하는 구독형이 더 그렇다. 따라서 OTT 서비스는 이용자 데이터를 보호하기 위해 강력한 보안 프로토콜을 마

련해야 한다.

7장에서 설명한 유럽연합의 GDPR(일반정보보호규정)과 같은 규제 준수도 중요한 과제 중 하나다. 데이터 유출이나 해킹 시도의 증가로 인해, 이용자 정보 보호는 더욱 중요해지고 있다. AI 시스템이 이용자 데이터를 처리할 때, 데이터의 익명성 유지와 암호화를 통해 보안을 강화하는 것이 필요하다. 또, 이용자 데이터의 불법 접근을 막기 위해 접근 제어와 같은 추가적인 보안 조치도 필요하다. 이러한 보안 조치들은 신뢰할 수 있는 OTT 서비스를 제공하는 데 필수다. 보안업체 NSHC의 다크웹 인텔리전스 플랫폼 다크트레이서(DarkTracer)에 따르면 넷플릭스 7만여 건을 비롯해 티빙과 왓챠플레이의 계정 정보 일부가 다크웹에 유출됐다. 다크웹에 공개된 OTT 서비스 계정 정보는 회원 아이디와 비밀번호, IP 주소 등으로 해당 정보를 바탕으로 OTT 서비스에 대한 부정 사용은 물론 해커가 다크웹에서 구매한 인증 정보 로봇을 사용해 웹사이트에 지속적으로 접속하려 시도하는 자동화된 사이버 공격인 무작위 대입(Credential Stuffing) 공격 등을 통해 다른 웹 사이트의 계정 정보를 탈취할 수도 있어 2차 피해 가능성도 제기된다(권준, 2021.8.20). 2019년 디즈니플러스가 해킹당해 가입자 수천 명의 정보가 가입자당 3~11달러에 거래되었다(Valinsky, 2019. 11.19).

데이터 프라이버시의 또 다른 측면은 데이터의 투명성이다. 이용자들은 자신의 데이터가 어떻게 사용되는지, 어떤 목적으로 수집되는지에 대해 명확히 알 권리가 있다. 이를 위해 OTT 서비스 제공자들은 데이터 사용 정책을 명확히 공지하고, 이용자가 언제든지 자신의 데이터 사용을 제어할 수 있도록 AI를 활용해야 한다.

번역 및 더빙 품질

AI 기반 번역과 더빙 기술의 품질을 유지하는 것은 어려운 과제다. 번역의 정확성, 문화적 뉘앙스, 감정 표현 등을 정확히 전달하기 위해서는 고도의 정밀성과 맥락 이해가 필요하다. 자연어 처리 기술의 발전에도 불구하고, 이러한 작업의 완성도는 여전히 사람의 손길이 필요할 때가 많다. OTT 서비스는 AI 번역과 더빙을 활용하지만, 인간 번역가의 검수 과정을 거치는 경우가 많다. 이는 번역 품질을 보장하고, 문화적 차이를 정확히 반영하기 위함이다.

또, 더빙 작업에서는 AI 음성 합성 기술이 중요한 역할을 한다. 하지만 감정 표현과 목소리의 자연스러움을 확보하는 것은 여전히 어렵다. AI 기술이 발전함에 따라, 더빙의 품질도 향상되고 있지만, 완벽한 자연스러움을 구현하는 데에는 한계가 존재한다. 이러한 문제를 해결하기 위해서는 AI와 인간의 협력이 필요하다. 예를 들어, AI가 초안을 작성하고, 인간 번역가와 더빙 전문가가 이를 검수하고 수정하는 방식이 효과적일 수 있다.

윤리적 문제

AI 알고리즘이 차별적이거나 편향된 결과를 초래할 수 있다. 이는 콘텐츠 추천이나 광고 타기팅에서 특정 그룹에게 유리하거나 불리하게 영향을 미칠 수 있다. 저널리즘에서 대두되는 확증 편향이나 반향실 효과(Echo Chamber) 현상이 OTT에서도 동일하게 일어날 수 있다. 이러한 윤리적 문제를 해결하기 위해 AI 모델의 투명성과 공정성을 확보하는 것이 중요하다. 예를 들어, 추천 시스템에서의 편향을 줄이기 위한 지속적인 모니터링과 조정이 필요하다. AI 모델이 학습하는 데이터의 다양성과 대표성을 보장하는 것도 중요한 과제다.

윤리적 문제는 또한 AI의 결정 과정에서 투명성과 관련이 있다. AI가 어떤 기준으로 결정을 내리는지에 대한 명확한 설명이 필요하며, 이는 이용자 신뢰를 구축하는 데 필수다. 이용자는 AI 시스템이 어떻게 작동하는지, 어떤 데이터가 사용되는지, 그 결과가 어떻게 도출되는지를 이해할 권리가 있다. 이를 통해 이용자들은 AI 시스템에 대한 신뢰를 가질 수 있으며, 더 나은 이용자 경험을 제공받을 수 있다.

이용자 경험 개선

AI 기술이 이용자 경험을 개선하는 데 기여하는 반면, 잘못된 추천이나 불필요한 알림 등으로 이용자 경험을 저해할 수도 있다. 그러므로 이용자 피드백을 반영하여 시스템을 지속적으로 업데이트하는 것이 중요하다. AI 기반 추천 시스템은 이용자 선호도를 정확히 파악하고, 개인화된 콘텐츠를 제공함으로써 이용자 만족도를 높일 수 있다.

이용자 경험을 개선하기 위해서는 AI 기술의 지속적인 학습과 개선이 필요하다. 이용자의 행동 데이터를 분석하여 추천 알고리즘을 개선하고, 개인화된 콘텐츠를 제공하는 것도 중요하다. 또한, 이용자 인터페이스(UI)와 이용자 경험(UX)을 최적화하여 이용자가 쉽게 원하는 콘텐츠를 찾을 수 있도록 해야 한다.

참고문헌

권준(2021.8.20). 넷플릭스·티빙·왓챠 등 OTT 서비스 계정 정보, 다크웹에 떠돈다. 보안뉴스.
https://www.boannews.com/media/view.asp?idx=99998

이윤녕(2024.8). 공영방송의 책임감 있는 AI 사용, 핵심은 신뢰와 투명성에. ≪신문과 방송≫, 8월호.
https://www.kpf.or.kr/synap/skin/doc.html?fn=1721989662150.pdf&rs=/synap/result/research/

정빛나(2024.8.1). '세계 최초' EU AI규제법 오늘 발효…전면 시행은 2년 뒤. 연합뉴스.
https://www.yna.co.kr/view/AKR20240801174900098?section=international/europe

BBC(2024). 생성형 AI를 비롯한 인공지능 사용에 관한 지침.
https://www.bbc.co.uk/editorialguidelines/guidance/use-of-artificial-intelligence

Valinsky, J.(2019.11.19.). So, your Disney+ account was hacked. Here's what to do. CNN.
https://edition.cnn.com/2019/11/19/tech/disney-plus-password-account-hacked-trnd/index.html

10
OTT의 AI 활용 전망

앞으로 OTT 서비스의 콘텐츠 제작, 추천 시스템, 이용자 경험 향상, 광고 타기팅에서 AI의 활용이 더욱 증가할 전망이다.

개인화된 콘텐츠의 정교화

> AI는 인간이 할 수 있는 모든 일을 할 수 있을 것입니다 . 아마도 더 잘할 수도 있습니다.
>
> — 앤드류 응(Andrew Ng) 미국 스탠포드대 교수, AI 석학

OTT 플랫폼에서 AI가 가장 많이 활용되는 분야는 개인화된 추천이다. AI는 OTT 서비스에서 개인화된 콘텐츠 추천을 제공하는 데 중요한 역할을 한다. 앞으로는 딥러닝 알고리즘과 강화 학습 기술을 활용하여 이용자의 감정 상태나 현재 기분을 분석하고 이에 맞는 콘텐츠를 추천할 수 있을 것이다. 그렇게 되면 이용자가 더 쉽게 새로운 콘텐츠를 발견하고, 플랫폼에 대한 만족도는 높아질 것이다. 예를 들어, 넷플릭스의 추천 알고리즘은 이용자의 시청 기록, 검색 패턴, 평가 등을 분석하여 개인 맞춤형 콘텐츠를 추천한다. 이 기술은 이용자가 이전에 즐겼던 콘텐츠와 유사한 새로운 프로그램이나 영화를 제안함으로써 이용자의 참여를 높일 수 있다.

AI 기반 추천 시스템은 콘텐츠 제공의 효율성을 극대화한다. 이용자가 원하는 콘텐츠를 쉽게 찾을 수 있도록 돕기 때문에, 이용자 만족도가 높아지고, OTT 서비스 사

용 시간이 증가한다. 예를 들어, 유튜브는 이용자가 시청한 비디오와 유사한 비디오를 추천하여 이용자가 플랫폼에 더 오랫동안 머무르도록 한다. 이는 이용자의 서비스 유지율을 높이고, 광고 수익을 증가시키는 데 도움이 된다.

또, AI는 이용자의 실시간 반응을 분석하여 추천 시스템을 지속적으로 개선할 수 있다. 이용자가 특정 콘텐츠를 클릭하거나 시청하지 않는 경우, AI는 이를 학습하고, 향후 추천을 조정할 수 있다. 이는 추천의 정확도를 높이고, 이용자 경험을 향상하는 데 기여한다. AI 기반 추천 시스템은 또 이용자 데이터를 보호하면서도 개인화된 경험을 제공할 수 있도록 설계되어 있다. 이는 이용자 프라이버시를 보호하면서도 개인화된 콘텐츠를 제공할 수 있게 한다.

AI의 기술은 지속적으로 발달할 것이기 때문에 앞으로 훨씬 정교한 결과를 보일 것이다.

실시간 자막 및 더빙 성능 향상

유튜브를 보면 자막 기능이 있다. 모르는 언어도 상당히 이해할 만한 수준이다. 경우에 따라서는 전혀 이해할 수 없는 수준이기도 하다. 요즘에는 자막 기능을 켜 놓고 보는 경우도 많다. 배우의 딕션(발음)이 안 좋을 때나 외국어를 공부하기 위해서다. 더빙은 몰라도 자막의 효용성은 매우 높다. AI의 기술이 점차로 고도화하고 있으므로 AI 기반의 실시간 자막 생성 및 더빙 기술은 OTT에서 언어 장벽을 허물고 글로벌 콘텐츠 접근성을 높이는 데 중요한 역할을 할 것이다.

실시간 음성 인식 및 번역 기술의 발전으로, 이용자는 다양한 언어로 제공되는 자막과 더빙을 실시간으로 이용할 수 있을 것이다. 예를 들어, 구글의 트랜스레이토트론(Translatotron)과 같은 기술은 음성 인식과 번역을 동시에 수행하여 실시간 자막 및 더빙을 가능하게 한다. 이러한 기술은 라이브 방송이나 이벤트에서도 큰 효과를 발휘할 것이다. 예를 들어, 글로벌 스포츠 이벤트나 음악 콘서트에서 실시간 자막과 더빙을 제공하여 다양한 언어를 사용하는 시청자들이 동일한 경험을 할 수 있다. 이는 글로벌 시청자층을 대상으로 하는 OTT 서비스에 큰 이점을 제공한다. 또, AI 기반 자막 및 더빙 기술은 비용 효율성을 높이고, 번역 작업의 신속성을 향상하는 데 기여할 것이다.

실시간 자막 생성 기술은 또한 청각 장애인을 포함한 다양한 이용자 그룹이 콘텐츠에 더욱 쉽게 접근할 수 있도록 도울 수 있다. 이는 OTT 서비스가 보다 포괄적인 이용자 경험을 제공할 수 있게 하며, 이용자층을 확장하는 데 기여한다. 예를 들어, 넷플릭스는 AI 기반 자막 생성 기술을 활용하여 다양한 언어의 자막을 제공하고 있으며, 이를 통해 글로벌 시장에서의 경쟁력을 강화하고 있다.

광고 기술 분야의 선구자인 스코프3(Scope3)의 공동 창립자이자 최고경영자(CEO)인 브라이언 오켈리(Brian O'Kelley)도 AI 도구가 창의적인 변화를 빠르게 시도할 수 있고, 실시간으로 메시지를 최적화하여 고도로 맞춤화된 경험을 대규모로 제공할 수 있다고 밝혔다(TVREV, 2024.8.23).

인터랙티브 콘텐츠 증가

AI는 이용자가 콘텐츠와 상호작용할 수 있는 새로운 방식을 제공할 것이다. 예를 들어, 이용자가 스토리 전개를 선택할 수 있는 인터랙티브 드라마나 영화, AI 기반의 가상 현실(VR) 콘텐츠 등이 있다. 이러한 콘텐츠는 이용자의 선택에 따라 스토리가 변화하고, 개인화된 경험을 제공한다. 이는 콘텐츠의 몰입도를 높이고, 이용자 참여를 증가시킬 것이다.

인터랙티브 콘텐츠는 이용자에게 더 많은 자유와 통제권을 부여하여, 더욱 몰입감 있는 경험을 제공할 수 있다. 예를 들어, 넷플릭스의 〈블랙 미러: 밴더스내치(Black Mirror: Bandersnatch)〉(2018)는 이용자가 스토리의 전개를 직접 선택할 수 있도록 하여 큰 인기를 끌었다. 이러한 인터랙티브 콘텐츠는 이용자의 선택에 따라 다양한 결말을 제공하며, 시청자에게 독특한 경험을 제공한다. 이는 이용자 참여를 극대화하고, 재방문율을 높이는 데 기여할 수 있다.

AI는 또한 인터랙티브 콘텐츠에서 이용자의 선택을 분석하고, 이를 바탕으로 이용자에게 맞춤형 추천을 제공할 수 있다. 이는 개인화된 경험을 더욱 강화하고, 이용자 만족도를 높이는 데 기여한다. 또, AI는 이용자의 반응을 실시간으로 분석하여, 인터랙티브 콘텐츠의 스토리 전개를 동적으로 조정할 수 있다. 이는 시청자의 몰입감을 극대화하고, 더욱 풍부한 이용자 경험을 제공한다.

광고 타기팅 및 효율성 극대화

AI는 광고 타기팅을 더욱 정교하게 만들어 광고 효율성을 극대화할 것이다. 이용자의 시청 패턴과 선호도를 분석하여 맞춤형 광고를 제공하고, 광고 효과를 실시간으로 분석하여 최적화할 수 있다. 이는 광고주에게 높은 투자수익률(ROI, Return on Investment)을 제공하고, 시청자에게는 보다 관련성 높은 광고를 제공하여 광고 피로감을 줄일 수 있다.

AI 기반 광고 타기팅은 광고 캠페인의 효율성을 극대화할 수 있다. 예를 들어, OTT 플랫폼은 이용자의 시청 이력, 검색 패턴, 사회적 활동 등을 분석하여, 특정 이용자 그룹에게 맞춤형 광고를 제공할 수 있다. 이는 광고의 타기팅 정확도를 높이고, 광고 효율성을 극대화하는 데 기여한다. 또, AI는 실시간으로 광고 효과를 모니터링하고, 이를 바탕으로 광고 캠페인을 조정할 수 있다. 이는 광고 예산을 최적화하고, 광고주의 투자 수익을 극대화하는 데 도움을 줄 수 있다.

AI는 또한 광고 콘텐츠의 생성과 최적화에서도 중요한 역할을 할 수 있다. 예를 들어, AI 기반 광고 생성 도구는 이용자 데이터와 시장 트렌드를 분석하여, 효과적인 광고 콘텐츠를 자동으로 생성할 수 있다. 이는 광고 제작 시간을 단축하고, 광고 품질을 높이는 데 기여한다. 또 AI는 광고의 배치와 타이밍을 최적화하여, 이용자에게 가장 적절한 시점에 광고를 노출할 수 있다. 이는 광고의 도달률과 클릭률을 높이는 데 도움을 줄 수 있다.

정부에서도 AI를 활용한 간접광고(PPL)를 통한 방송통신 광고 시장 활성화를 추진하겠다고 밝혔다. 이렇게 되면 기존 영상을 대체 가능한 AI PPL을 통해 최신 제품을 광고하여 수익을 창출할 수 있다(백연식, 2024.8.27).

보안 및 프라이버시 보호

AI는 이용자 데이터를 보호하고 프라이버시를 강화하는 데 중요한 역할을 할 것이다. 이상 징후를 감지하여 데이터 유출을 방지하고, 이용자 데이터를 암호화하여 보호할 수 있다. 또, AI 기반의 접근 제어 시스템은 이용자의 데이터를 안전하게 관리할 수 있게 한다. 이는 이용자 신뢰를 구축하고, 서비스의 안전성을 높이는 데 기여할 것이다.

AI 기반 보안 시스템은 실시간으로 데이터를 모니터링하고, 이상 징후를 감지하여 신속하게 대응할 수 있다. 예를 들어, AI는 비정상적인 로그인 시도나 데이터 접근을 실시간으로 감지하고, 이를 차단하여 데이터 유출을 방지할 수 있다. 또, AI는 이용자 데이터의 암호화를 자동화하여, 데이터가 안전하게 전송되고 저장되도록 한다.

AI는 또한 프라이버시 보호를 강화하는 데 도움을 줄

수 있다. 예를 들어, 이용자의 민감한 데이터를 처리할 때 AI는 데이터의 익명성을 유지하고, 최소한의 데이터만을 사용하여 필요한 작업을 수행할 수 있다. 이는 이용자의 프라이버시를 보호하면서도 서비스의 기능을 유지할 수 있게 한다.

고급 분석 및 통찰 제공

AI는 OTT 서비스 제공자에게 고급 분석 및 통찰을 제공하여 비즈니스 전략을 최적화할 수 있게 한다. 이용자 데이터를 분석하여 콘텐츠 트렌드, 시청자 선호도, 광고 효과 등을 파악하고, 이를 기반으로 비즈니스 결정을 내릴 수 있다. 이는 OTT 서비스의 경쟁력을 강화하고, 시장에서의 입지를 확고히 하는 데 도움이 될 것이다.

AI 기반 분석 도구는 대량의 이용자 데이터를 실시간으로 처리하고, 유의미한 통찰을 도출할 수 있다. 예를 들어, 이용자의 시청 패턴을 분석하여 가장 인기 있는 콘텐츠를 식별하고, 이를 바탕으로 프로그램 편성 전략을 최적화할 수 있다. 또한, AI는 광고 캠페인의 성과를 분석하여, 광고 예산을 효율적으로 배분할 수 있게 한다.

AI는 또한 콘텐츠 제작과 관련된 데이터를 분석하여, 시청자들이 선호하는 주제나 장르를 파악할 수 있다. 이를 통해 콘텐츠 제작자는 시청자들의 기대에 부합하는 프로그램을 제작할 수 있으며, 이는 시청률을 높이는 데 기여한다. 실시간 데이터를 분석하여 빠르게 변화하는 시청자 트렌드에 신속하게 대응할 수 있게도 한다.

음성 및 제스처 인식

AI는 음성 인식 및 제스처 인식 기술을 통해 이용자 인터페이스를 혁신할 것이다. 이용자는 리모컨 없이 음성 명령이나 제스처를 통해 콘텐츠를 검색하고 제어할 수 있다. 이는 이용자의 편의성을 크게 향상하고, 보다 직관적인 이용자 경험을 제공한다. 이러한 기술은 특히 스마트 TV와 같은 장치에서 널리 사용될 전망이다.

음성 인식 기술은 이용자가 자연어로 명령을 내리거나 질문을 할 수 있게 하여, 인터페이스와의 상호작용을 더욱 직관적이고 효율적으로 만든다. 예를 들어, 이용자가 "오늘의 인기 드라마를 보여 줘"라고 말하면, AI는 이를 이해하고 관련 콘텐츠를 화면에 표시할 수 있다. 이는 이용자가 원하는 콘텐츠를 더 쉽게 찾을 수 있게 하며, 이용자 경험을 향상한다.

제스처 인식 기술은 이용자가 손동작이나 몸짓을 통해 기기를 제어할 수 있게 한다. 이는 리모컨이나 버튼을 사용할 필요 없이, 자연스러운 동작으로 콘텐츠를 탐색하고 제어할 수 있게 한다. 예를 들어, 이용자가 손을 흔들어 페이지를 넘기거나, 손가락으로 특정 콘텐츠를 가리켜 선택할 수 있다. 이러한 기술은 특히 장애를 가진 이용자에게 큰 도움이 될 수 있다.

참고문헌

백연식(2024.8.27). 과기정통부'AI PPL' 광고활성화추진...콘텐츠해외수출지원. 디지털투데이. https://www.digitaltoday.co.kr/news/articleView.html?idxno=530991

Huston, C.(2024.7.18). Netflix Co-CEO Ted Sarandos Says AI Will "Generate a Great Set of Creator Tools". The Hollywood Reporter. https://www.hollywoodreporter.com/business/business-news/netflix-ceo-ted-sarandos-ai-creator-tools-1235952621/

TVREV(2024.8.23). The Future Of CTV: Data, Creativity, And Technology In Advertising. https://www.tvrev.com/news/the-future-of-ctv-data-creativity-and-technology-in-advertising?ss_source=sscampaigns&ss_campaign_id=66ccd59c777b0930e6ba9c2c&ss_email_id=66cdc000c1fd2c5f5ef689e0&ss_campaign_name=The+Future+Of+CTV%3A+Data%2C+Creativity%2C+And+Technology+In+Advertising&ss_campaign_sent_date=2024-08-27T12%3A03%3A45Z

유건식

전 KBS America 대표, 공영미디어연구소장, 드라마국 팀장을 역임했다. 현재 성균관대 초빙교수, 건국대 겸임교수, 문화체육관광부 방송영상 리더스포럼 위원, ≪미디어오늘≫ 칼럼니스트로 활동하고 있다.

〈성균관 스캔들〉, 〈드림하이 2〉 등을 프로듀싱했으며, 〈학교 2013〉을 공동 제작했다. KBS 아메리카 대표를 역임하면서 한국 드라마 역사상 최초로 미국 프라임타임 시즌 리메이크를 성사시켰다. 〈굿닥터〉의 미국 리메이크 버전인 〈The Good Doctor〉(시즌 1~7)의 프로듀서다.

광운대에서 언론학 박사 학위(2015)를 취득했으며, 『미드와 한드, 무엇이 다른가』(2013, 세종학술상), 『넷플릭소노믹스』(2019, 방송학회 저술상), 『미디어 구독 모델』(2021, 커뮤니케이션북스), 『오징어 게임과 콘텐츠 혁명』(공저, 2022, 세종학술상), 『OTT 트렌드 2024』(2023, 형설EMJ) 등 다수의 저술이 있다.